图书在版编目（CIP）数据

呀诺达模式/邹统钎主编.—北京：经济管理出版社，2012.10
ISBN 978-7-5096-2118-9

Ⅰ.①呀…　Ⅱ.①邹…　Ⅲ.①旅游经济—经济发展模式—海南省　Ⅳ.①F592.766

中国版本图书馆CIP数据核字（2012）第226655号

组稿编辑：王光艳
责任编辑：许　兵
责任印制：黄　铄
责任校对：李玉敏

出版发行：经济管理出版社
　　　　　（北京市海淀区北蜂窝8号中雅大厦A座11层　100038）
网　　　址：www.E-mp.com.cn
电　　　话：（010）51915602
印　　　刷：北京画中画印刷有限公司
经　　　销：新华书店
开　　　本：710mm×1000mm/16
印　　　张：10.75
字　　　数：164千字
版　　　次：2013年1月第1版　2013年1月第1次印刷
书　　　号：ISBN 978-7-5096-2118-9
定　　　价：48.00元

联系地址：北京阜外月坛北小街2号
电话：（010）68022974　邮编：100836

旅游管理专业学位硕士研究生（MTA）经典案例丛书编委会

编委会主任

冯　培　北京第二外国语学院党委书记、教授

周　烈　北京第二外国语学院校长、教授

编委会副主任

计金标　北京第二外国语学院党委副书记、教授，
　　　　全国旅游行业教育指导委员会副主任

邱　鸣　北京第二外国语学院副校长、教授

李小牧　北京第二外国语学院副校长、教授

朱佩芬　北京第二外国语学院副校长

主　编

邹统钎　北京第二外国语学院旅游管理学院院长、教授，
　　　　全国MTA教育指导委员会委员

副主编

林德荣　厦门大学旅游与酒店管理系主任、教授，
　　　　全国MTA教育指导委员会委员

吴忠军　桂林理工大学旅游学院副院长、教授

编委（按拼音排序）

卞显红　浙江工商大学旅游与城市管理学院副院长、教授

蔡　红　首都经济贸易大学旅游管理系主任、教授

陈　实　西北大学旅游管理系主任、教授

陈文杰　中国国际旅行社副总经理

陈　耀　海南省旅游发展委员会巡视员

程遂营　河南大学历史文化学院副院长、教授

段建国　中国旅游协会旅游教育分会会长，全国MTA教育指导委员会委员

窦　群　山东省旅游局副局长

谷慧敏　北京第二外国语学院教授

郭英之　复旦大学旅游系教授

侯长森　吉林省长白山保护区管理委员会旅游局局长

韩玉灵　北京第二外国语学院教授，全国旅游行业教育指导委员会秘书长

韩跃平　焦作云台山旅游发展有限公司董事长

黄远水　华侨大学旅游学院院长、教授

刘大可　北京第二外国语学院教授

刘　锋　国务院发展研究中心研究员

刘平春　深圳华侨城股份有限公司董事、总裁，中国旅游协会副会长，
　　　　中国旅游景区协会会长

金海龙　琼州学院旅游管理学院院长、教授

魏红涛　首都旅游集团有限责任公司党委常委，
　　　　全国MTA教育指导委员会委员

肖潜辉　春秋集团副总裁，全国MTA教育指导委员会委员

叶文智　黄龙洞投资股份有限公司总经理，
　　　　天下凤凰文化传播有限公司董事长

张　涛　呀诺达雨林文化旅游区董事长

张广海　中国海洋大学管理学院副院长、教授

张玉钧　北京林业大学旅游管理系教授

总 序

2010年9月，国务院学位委员会设立了旅游类专业学位硕士——旅游管理专业学位硕士（Master of Tourism Administration），简称MTA。MTA主要招收具有一定实践经验，并在未来愿意从事旅游业工作的人员，其目标是培养具有社会责任感和旅游职业精神，掌握旅游管理基础理论、知识和技能，具备国际化视野和战略思维能力，敢于挑战现代旅游业跨国发展的高级应用型旅游管理人才。我国共有56所高校获得了第一批旅游管理专业学位硕士（MTA）授予权。

MTA可以借鉴MBA的经验，但是MTA绝对不能照搬MBA的模式，由于行业特征突出，在规模上无法同MBA相比，因而专注行业、服务地方才是MTA的制胜之道。

一、世界名校MTA教育经验

瑞士洛桑酒店管理学院、美国康奈尔大学、佛罗里达国际大学和中佛罗里达大学、香港理工大学都是世界上旅游管理专业名列前茅的学校，它们在培养目标定位、课程设置和就业指导方面各具特色，培养了一批又一批世界级的旅游行业领袖。

1.培养目标定位

世界著名旅游院校在专业学位硕士培养方面都有自己明确的目标定位。洛桑酒店管理学院的酒店管理硕士MHA的定位是培养酒店业的领导者，而且要培养与酒店相关的一般服务行业的领导者；康奈尔大学的酒店管理硕士MMH的定位是培养新一代的世界最大和最具活力的产业领袖，而且是能够引领酒店业潮流的领袖；佛罗里达国际大学酒店管理硕士的定位是培养旅游与酒店行业的领导者；中佛罗里达大学旅游与酒店管理硕士的定位是培养集教育、科研、学术于一身的产业领袖；香港理工大学旅游与酒店管理硕士的定位是培养全球旅游与酒店行业的国际领袖、教育家以及研究人员。从上述可以看出这几所学校的旅游与酒店管理硕士的培养目标都是领导者，但具体的定位各有特点，见表1。

表1　世界旅游名校旅游管理专业学位硕士项目的定位与特色

学　校	目标定位	特　色
洛桑酒店管理学院	酒店及酒店相关行业的领袖	不仅仅局限于酒店行业，更渗透到一般服务业
康奈尔大学	新一代世界级产业领袖	"世界级"，而且能引领酒店业潮流
佛罗里达国际大学	旅游与酒店行业的领导者	一般领导者
中佛罗里达大学	酒店和旅游方面集教育、科研、学术于一身的产业领袖	集教育、科研、学术于一身
香港理工大学	全球旅游与酒店行业的国际领袖、教育家以及研究人员	不仅仅培养行业领袖，也培养教育家和科研人员

2. 课程设置

课程设置是教育教学中非常重要的一个环节，它关系到整个教学过程如何展开。世界著名的旅游院校的课程大都由三部分组成：理论课、实践课以及毕业论文报告。但在具体课程设置上不同学校各具特色。

洛桑酒店管理学院的理论课主要表现为四大模块：酒店艺术、管理科学、战略和公司愿景以及创新和领导。在不同的模块下面设置不同的课程，酒店艺术和管理科学模块主要是让学生对酒店业有基本了解并掌握一些财务知识和技能；战略和公司愿景以及创新和领导模块主要是让学生了解最新的行业动态并掌握适应行业需要的领导能力。实践课主要包含了四个实践项目：管理业务项目、职业生涯工作坊、专业发展小组和行业游历。

康奈尔大学MMH的理论课主要包括核心课（如公司财务、管理会计、服务营销管理、运营管理和人力资源等）、集中选修模块课（如市场营销、运筹和税收管理、房地产金融与投资等）和自由选修课，实践项目包括专业培养项目、领导培养计划、实习、酒店管理论坛和大师课堂。

佛罗里达国际大学和中佛罗里达大学的课程设置基本一样，都包括必修课和选修课以及毕业实习。香港理工大学的理论课是由必修课（如旅游与酒店营销、旅游与酒店人力资源、研究方法等）、选修课（如信息管理、文化旅游、服务质量管理、会展管理、旅游战略管理、会议旅游等）以及一些特殊选修课（如会议和事件管理等）组成，实践课包含一个学习技能工作坊。

从以上资料来看，由于不同学校的文化背景不同，目标定位也不同，因而课程设置突出了不同的重点，见表2。

表2 旅游管理硕士课程设置特点

学　校	课程设置特点
洛桑酒店管理学院	理论教学主要集中在商学领域，强调操作技能和全面管理，实践教学重在培养学生岗位适应能力
康奈尔大学	理论教学主要集中在商业和管理领域，实践教学注重培养学生的领导能力
佛罗里达国际大学	理论教学注重管理技能和研究方法的培养，实践教学主要集中在产业实习上
中佛罗里达大学	理论教学注重培养学生职业能力和综合素质，实践教学注重行业经验的获取
香港理工大学	理论教学主要集中在经济管理以及语言上，并注重研究方法的使用，实践教学注重产业适应能力的培养

3.就业指导

就业指导工作是旅游教育中非常重要的一个部分，它在一定程度上关系到学生的就业率以及学校的生源。世界旅游名校旅游与酒店硕士教育在就业指导方面有一些非常成功的经验。一是重视就业指导，主要表现在将就业指导贯彻整个教学的始终，从学生进入学校起就开始培养他们就业的各种技能，并在不同的阶段开展不同的培训课程和实践活动。二是拥有庞大的校友网络，通过多年的积累，校友网络能把历届优秀的校友联系在一起，形成非常强大的资源，为学生提供良好的职业发展机会。当然不同的学校在就业指导方面各具特色，具体的比较如表3所示。

表3　就业指导的机构与功能

学　　校	就业指导情况
洛桑酒店管理学院	设有就业指导中心；拥有分布于120个国家的近25000人的校友网络
康奈尔大学	为每位学生安排一位业界校友作为成长导师并提供就业指导；拥有11000人的校友网络
佛罗里达国际大学	设有职业规划办公室，提供各种职位信息；校友协会，提供各种就业机会
中佛罗里达大学	设有职业发展中心、职业发展工作坊、个人评估的工具（迈尔斯布里格斯类型指标）

二、我国MTA教育的发展方向

1.明确培养目标，培养全球旅游产业领袖

国务院《关于加快发展旅游业的意见》（国发[2009]41号）提出"把旅游业培育成为国民经济战略性支柱产业和人民群众更加满意的现代服务业"，"力争到2020年我国旅游产业规模、质量、效益基本达到世界旅游强国水平"的战略目标。另外，到2015年，预计我国游客市场总量可达35亿人次。伴随着旅游市场需求的多样化，届时我国旅游业对高层次应用型人才的需求将更大。结合我国旅游发展的战略要求和旅游市场的人才需求，借鉴国外旅游管理硕士教育经验，我们提出MTA要培养全球产业领袖。即培养具有社会责任感和旅游职业素养、具备国际化视野和战略思维能力、能够胜任现代旅游业实际工作的全球领袖人才。为确保旅游产业领袖目标的实现，MTA的课程设置、师资配备、教学方法、就业指导等方面也都要以此为指导全面展开，并落到实处。

2.完善课程体系，创新课程设置

在课程设置上，借鉴国外优秀的教育经验，并结合本国旅游产业环境的实际情况，将MTA课程体系分为五部分：公共基础课、MTA核心课、MTA必

修课、MTA选修课和MTA模块课。

公共基础课主要包括英语、哲学、传统文化等课程。

MTA核心课主要包括管理的一些基础课程，如旅游会计学、旅游营销学、旅游运营和管理、旅游公司理财、旅游战略管理、旅游法律法规、旅游信息系统与电子商务、旅游人力资源、旅游前沿理论等，使学生全面了解并掌握旅游行业管理中所需的基本知识和技能。

MTA必修课主要包括领导科学和艺术、服务精神与艺术、管理经济学、管理统计学、文献阅读与论文导向等，使学生对自己的定位——旅游产业领袖的特质领导能力和服务精神有更加深入的了解，同时也培养了他们作为研究生应具备的写作能力。

MTA选修课主要包括旅游目的地、旅行社、酒店以及会展等方向的一些细分课程以及关于旅游产业领袖和旅游服务精神的专题课程等。学生可以选择自己感兴趣的方向，深入了解，找准自己的定位。

MTA模块课主要包括旅游企业财务、战略、人事、营销、国际化和新业态六个模块，这些模块课都是在企业现场教学，使学生对企业各个方面的操作和运营有一个真实的了解，并锻炼学生在真实的环境中解决问题的能力。

3.建立校友网络，加强就业指导

综合几所世界旅游名校的就业指导经验，可以看出校友网络在促进就业上扮演着越来越重要的角色。我国MTA院校也应建立MTA校友会，以加强各界校友的联系，为学生提供更广阔的学习交流平台和实习就业机会。同时，设立MTA就业指导中心，提供全面的就业指导服务。第一学年，帮助学生做一个个人评估，让学生了解自己的职业兴趣和能力偏向，制定出自己的职业规划；第二学年，开展求职讲座和求职技巧培训，并提供各种产业实习的机会。最后，及时提供和更新各种企业的职位招聘信息，并对毕业生提供一对一的就业指导。

三、BISU-MTA——未来旅游产业领袖的摇篮

北京第二外国语学院MTA(简称BISU-MTA)是国内MTA的急先锋。2010年10月下旬，国务院学位委员会成立了首届全国旅游管理专业学位硕士研究生教育指导委员会。在此之前，2010年9月25日，由北京第二外国语学院、中国旅游人才发展研究院、北京旅游发展研究基地联合举办的"中国旅游高端人才培养与MTA项目实施研讨会"在北京国际饭店隆重召开。与会者就MTA的人才培养模式进行了智慧碰撞。

1.BISU-MTA的核心理念

（1）人才培养类型——旅游产业领袖。北京第二外国语学院在国家旅游局的指导下，在学校领导的支持下，创造性地提出了MTA培养的核心理念，即培养未来旅游界的产业领袖。旅游产业领袖就是具有全球愿景和国际化视野，在竞争激烈的国际旅游市场中敢于冒险和挑战，具有创新和团队合作能力，领导追随者实现组织目标的人。

（2）战略途径——国际化、产学研一体化。国际化包括与国外旅游院校的交流合作、师资团队的国际化、教学环境的国际化以及学生参与国际学习和实习的机会。目前北京第二外国语学院旅游管理学院的国际化主要体现在教师的国外交流、国际项目合作、招收留学生三方面。为了培养全球旅游产业领袖，北京第二外国语学院将进一步引进国外的师资，在MTA的授课中采取双语或纯英语教学，并建立更多国外实习基地。

产学研相结合中的"产"是指校内外的各类产业和生产实践活动，产业需求是院校办学的立足点和驱动力；"学"是指教育教学，包括理论教学和实践教学以及对学生知识能力、综合素质的培养和教育，"学"是办学之本，是产学研的核心；"研"是指教研、科研等实践活动，"研"是办学的先导和技术支撑。北京第二外国语学院以服务国家旅游产业、服务北京建设世界旅游城市为己任。为培养旅游产业领袖，北京第二外国语学院将进一步完善产学研一体化体系，真正做到以研助产、以研促学、以产辅学。

2.BISU-MTA的方向设置与课程体系

MTA的培养与普通旅游管理硕士的培养有明显的不同，MTA教育在教学

内容上坚持理论与实践相结合，突出旅游业关联性强、辐射面广和构成复杂的特点，在核心必修课程的基础上，融合不同的模块课程进行旅游管理能力和专业业务能力的培养。

北京第二外国语学院的MTA设置六个培养方向，分别是：酒店管理、旅行社管理、旅游景区管理、会展管理、旅游公共管理和旅游新业态管理。课程体系分为五大部分，分别为：公共基础课、MTA核心课、MTA必修课、MTA选修课和MTA模块课。其中公共基础课主要是英语、哲学和传统文化学习，其他课程的详细内容如表4、表5、表6、表7所示。

表4　MTA核心课

旅游法律法规	旅游人力资源
旅游会计学	旅游营销学
旅游运营与管理	旅游公司理财
旅游战略管理	旅游信息系统与电子商务
旅游前沿理论	

表5　MTA必修课

领导科学与艺术	服务精神与艺术
管理经济学	管理统计学
文献阅读与论文导写	

表6　MTA选修课

旅游休闲经济理论与实践	旅游产业政策解读
旅游目的地开发与规划	旅游创业与创新
旅游市场营销理论与实践	旅游新业态
旅行社管理与实践	服务管理新技术新方法
饭店管理理论与实践	旅游产业领袖专题
旅游景区经营与管理	旅游服务精神专题
会展经济与管理	服务质量管理
旅游商务英语	旅游企业文化

表7　MTA模块课

旅游企业财务模块	旅游企业营销模块
旅游企业战略模块	旅游企业国际化模块
旅游企业人事模块	旅游新业态模块

3.BISU-MTA的三大教学方法与五大师资力量

MTA教育在教学方法上要注重启发学生思维，将课程讲授、案例研讨、团队学习和专业见习与实习等多种方式相结合，旨在培养学生的思维能力及分析问题和解决问题的能力。北京第二外国语学院的MTA借鉴国外专业学位硕士教育的经验，采取了以下三种教学方法：

（1）案例教学。北京第二外国语学院将通过同地方旅游局、旅行社、酒店、景区、会展等机构合作创建MTA案例库，在真实的旅游产业环境中培养学生角色扮演、行业分析、寻找解决方案的能力与方法。

（2）产业问题学习法（FBL）。产业问题学习法（以下简称FBL）是哈佛商学院的教学方法之一，它是由三个或三个以上的人组成团队，在教师指导下，同赞助机构紧密合作，解决现实的产业问题。FBL同样可以运用到MTA的教学中，通过带领学生到旅行社、酒店、旅游景区、航空公司等具体的旅游产业环境中去解决现实的产业问题，培养学生的问题处理和决策能力。

（3）现场体验学习法（IE）。现场体验学习法为学生提供一个"浸入"到全球学术、文化以及不同组织中工作的机会，使学生能够将课堂学到的一些领导理念运用到管理实践中，并与社团和企业领导人进行直接的互动。在MTA的教学中，尽量为学生提供游学的机会，到不同的国家和地区获取真实体验和经历。

实行双语教学与纯英语教学。为促进MTA教育的国际化，北京第二外国语学院MTA主要采取双语教学或纯英语教学。纯英语教学主要由外国教师担任，使学生拥有良好的英语学习环境，同时培养学生双语学习的能力，为国际化事业打好语言基础。

MTA的师资来源是保证MTA教育成败的关键。按照国家旅游局的要求，结合学校特色与实力，北京第二外国语学院提出了MTA五大师资来源，分别是：业界领袖，国内旅游业公认的领军人物；咨询机构，旅游业内著名咨询师；政府工作人员，国家旅游局、各地方旅游局相关政策制定者；高校名师，北京第二外国语学院3位副校长、5位学院院长挂帅MTA课堂，国内著名教授；世界名流，国际大型旅游集团总裁，国际知名学者。

四、BISU-MTA的六个合作领域

MTA教育强调实用性，因此需要与产业界人士建立广泛而深入的联系，从产业的人才需求出发，开设课程，进行培养。在产业合作方面，北京第二外国语学院提出了六大合作领域。

1.调研合作

MTA培养旅游行业实用型高级人才，因此，对企业人才需求的准确把握就显得尤为重要。北京第二外国语学院将深入企业一线进行调研，真正了解企业人才的需求现状，根据企业需求，设定培养方案，然后再交由企业修改，如此反复，最终制定出准确、有效的MTA培养体系。

2.导师合作

MTA实行双导师制，一名学生由两名导师指导，包括学术界的导师和产业界的导师。北京第二外国语学院将邀请业内的行业领袖来担任MTA学员的第二导师，让现今的行业领袖去培养未来的行业领袖。

3.定制合作

与一些大型旅游企业或各旅游局合作培养MTA学员，实现MTA培养的定制化。对这些MTA学员，可以根据企业或者地方特色，开设特色课程，使旅游人才的培养更具有针对性。

4.课程合作

现在很多企业内部都有成型的培训课程体系，北京第二外国语学院将邀请有成型培训课程的企业老师带着课程进课堂，因为这些课程真正来源于企业一线实践。将企业内部的课程放到MTA平台上来，将惠及更多的业内人士。

5.案例合作

MTA教育的一个重要内容就是案例教学，北京第二外国语学院首先提出了2年30个高质量案例的教学模式。通过对我国旅游企业的案例整理，建立具有中国特色的MTA案例库。

6.实习基地的战略合作

与众多旅游企业建立战略层面上的合作，包括建立实习基地、学员就业推荐、MTA教师进入企业顶岗培训、企业管理层在岗培训等。北京第二外国语学院目前已经建立了30余家战略合作实习基地，未来还将建立30家左右的实习基地，打造MTA实践教学的平台。

邹统钎

2013年1月1日

目　录

第一章 呀诺达发展历程

从三亚驱车沿着海南岛海榆中线国道行走约30公里，到达位于保亭黎族苗族自治县三道镇的国营三道农场时，便到了一个被游客惊呼为"海南岛的香格里拉"的地方：这里山清水秀，植被丰富，怪石嶙峋，藤缠水潺。这，就是"呀诺达"雨林文化旅游区。但是，什么是"呀诺达"？外人充满了无限好奇。现在就让我们一起走进呀诺达，走进她的前世今生。

第一节 项目考察——邂逅"香巴拉"，缘定三道湾

（2000年1月至2003年8月）

据说当年，诺亚方舟在海上漂了数月，最后是和平鸽从茫茫的蓝海中找到一片绿色的橄榄枝，诺亚才看到生机，做出了可以上岸的决定。美丽的呀诺达就是蓝色海南中的那片绿色橄榄枝，让你我体味到蔚蓝色大海中别样的风情。

——引子

一、细数青山，指保亭望眼欲穿——初见呀诺达

单一的美丽，即使再绚烂，也有让人倦懒的时候，要想在世界中拥有自己的一席之地，寻找多样化，寻找平常人眼中的不平凡之处，就是我们超越时代、站立潮头的手段。早在1998年，时任三亚南山文化旅游区总裁的张晖先生就敏锐地意识到：海南旅游产品市场存在重大不足，蓝色产品越发旺盛，绿色产品发展滞后，"蓝与绿"的发展不平衡，随着消费者审美观和消费观的发展需要越加精细、多样，市场呼唤新产品的出现。细微之处见真

知，想常人未曾想之事，方能到常人未曾到之地，张先生意识到，海南丰富的绿色资源产品必将为大众旅游所需要。紧接着张先生从另一市场角度，对国际高端群体的消费行为进行了深入的剖析和研究，认为高端圈层，更需要一种切合自身的真正休闲的度假产品和体验服务：野奢度假与生态养生。

接下来几年，张晖先生对海南省所有旅游资源进行了全面考察，从海口的火山口到文昌的铜鼓岭，从乐东的尖峰岭到昌江的棋子湾，从三亚的海棠湾到万宁的神州半岛，再到陵水的香水湾、黎安港、椰子洲、吊罗山……在海南3.39万平方公里的面积上，张晖先生的目光最终锁定了毗邻三亚的保亭县三道地区。几十平方公里的土地上，河水蜿蜒，雨林茂盛，在这片国内唯一地处北纬18度的热带雨林中，他深深地迷醉了，迷醉于这片堪称海南岛五大热带雨林精品浓缩的景观中，在深深被打动的同时，他深信，海南中部的热带雨林资源所蕴藏的山野度假资源，更吻合高端圈层人士的度假需求。

二、华山云到不了楼台梦，合口河水却接桃源洞——揭开呀诺达的红盖头

大家对海南五大热带雨林——尖峰岭、五指山、霸王岭、黎母山和吊罗山五大原始森林区的名字如雷贯耳，但对三道地区合口河峡谷地理的认知，就几乎是空白了。

张晖先生预见到，从地理区位发展的角度看，未来的三亚，应该是一个大三亚旅游圈概念，应该是以三亚市区为辐射圆心、不断向外扩延的大区域范围。保亭是国家级贫困县，但其山区地理是否蕴藏着独特的旅游资源？中部旅游是薄弱的冷线，但通过创新引导，是不是可以造福一方？经过日日夜夜的思索，手稿图纸描绘了一张又一张，圆圆圈圈，圈圈圆圆，圆心理论是越来越明朗，国际视野是越来越清晰。

2000年，张晖先生决定挥师中进，指派先遣人员对合口河地区进驻考察。据张晖先生回忆，日有所思，夜有所梦，平常晚上极少做梦的他，当时却常常梦到合口河峡谷像一座莲花灯一样，神妙地向他召唤……

三、俗话说：春来遍是桃花水，不辨仙源何处寻——三道湾里的"香巴拉"偶遇之记

合口谷（现三道谷）的发现之旅饶有趣味：当时考察人员提前一天进驻三道农场，次日微明，便全副武装地进驻山林。在路边山民的指引下，考察人员沿着合口河洞流逆流而上，寻根溯源。合口河峡谷幽谷深邃、风光旖旎、飞瀑叠锦、环翠凝谧。一幅雄伟隽秀的峡谷雄关图——合口谷就这样进入了视野。梦幻谷和雨林谷的发现也同样有趣。在考察三道谷时，行至合口水坝附近欲往前进时，来自右侧方向，山泉轰响。当时考察人员心头一紧，顷刻反应是会不会遇到山洪了？稍作镇定，仔细聆听后，山泉时缓时急，富有叮咚韵律，便排除了山洪的可能。那边是否隐藏着另外一道峡谷呢？根据预知的航拍图，并没有看到蛛丝马迹。考察人员当即决定：改变原来寻找合口河源头的路线图，向右方向逆流爬涉。

这是一条急流、怪石、瀑布、巨树等构成的深涧溪谷，四周均是遮天蔽日，巨大乔木、藤树把整个溪谷围拢起来，如梦似幻，怪不得在航拍图上看不到。顺着丛林奇石，蹴踏而上，在雨林中恣意穿行，尽情呼吸着高浓度的雨林高负氧离子，神智清澈，精力充沛。各色奇异的树蛙看到一群生人经过，吓得四处乱蹦，花样蝴蝶却嗡嗡地围在身边，一路嬉戏追随，松鼠、雷公马等小动物竖起惊奇的脑袋……蛙声、鸟鸣、飞瀑、流泉等，演奏出一曲大自然的交响乐！

不知不觉过了一个多小时，穿过一道石窟水帘，倏忽之间，眼前一片豁然。原来已经走出了雨林涧谷，迎面而来的，是一个豁然开朗的谷盆湿地。良田阡陌，万物昭苏！在这片静谧阔达的绿野谷地，小鱼儿在池塘沟溪中欢快畅游，蜻蜓、蝴蝶在花溪间翩翩起舞，山野蜜蜂三五成群地忙着采蜜，不知名的小鸟在山谷上空盘旋、快乐地鸣叫。不远处的山坡上，是一片身形娇美的槟榔林，一老汉嘴中嚼着槟榔，平躺在空旷的槟榔园草地上，懒洋洋地闲晒着午日优美的阳光……一派鸟语花香、生机祥和的自然美景。人在画中，景在心中。这不就是雨林版的《桃花源记》吗？

神采奕奕的老汉看到考察人员的一身装束，很友善地冲着他们微笑。考察人员在和老汉的寒暄中得知，他们一家人在这个山腰中开荒种田植果，已

有好些年景了。

后来，在当地村民的指引下，考察人员一行几人又陆续发现了神奇莫测的五榕迎宾区、根石雨林区、雨林登峰区、湿地区。置身其间，盘根错节，石径通幽，森氧绿肺，九曲穿肠。其中植物绞杀、空中花园、老茎生果、藤本攀附、高板根、根抱石等六大雨林奇观形神兼备，人们无不惊叹大自然的鬼斧神工。

这不正是张晖先生梦中的莲花吗！

于是2001年，张晖先生的团队与三道农场进行了洽谈，最后双方达成协议：三道农场方面以土地入股的方式进行战略合作，共同开发建设三道景区旅游项目，项目筹备工作自此正式启动。紧接着，项目开发团队启动了"热带香巴拉"景区概念性规划工作。规划单位为EDSA东方景观设计公司。EDSA公司是美国最有名的景观设计公司之一，是美国总统的景观设计顾问公司，曾参与了三亚南山文化旅游区的总规修编及三亚市的旅游规划。

考察人员发现的根石雨林区，目前成为呀诺达的"雨林谷"，乃海南五大热带雨林之集大成者；谷盆湿地，经过生态改造，更趋大美，成为呀诺达现在的生态湿地——雨林谷；那条深涧溪谷，1.2公里长，现在是呀诺达的"梦幻谷"；而合口河峡谷，现在被更名为"三道谷"，目前正在进行开发。

第二节 项目规划——先保护评价，后总体规划

（2003年8月至2006年6月）

圆者周遍之义，融者融通融和之义，若就分别妄执之见言之，则万差之诸法尽事事差别，就诸法本具之理性言之，则事理之万法遍为融通无碍，无二无别，犹如水波，谓为圆融。曰烦恼即菩提，曰生死即涅槃，曰众生即本觉，曰婆婆即寂光，皆是圆融之理趣也。

——佛语（呀诺达圆融理念源头）

2003年8月20日，公司注册成立，全称为"海南三道圆融旅业有限公司"，开始正规化运作，呀诺达的规划设计及现场工作正式全面展开。和其他景区有所不同的是，呀诺达是先做景区环境影响评价报告，后做旅游总体规划。整个过程，始终秉承着呀诺达组织文化的圆融理念。圆融，是一种精神，追求人与自然、人与社会的和谐统一；圆融是历史的眼睛，见证着呀诺达不断进取的历程。

一、环境影响评价，有章可依

当时景区的状况是：其一，烧山垦荒、生火熏蛇引起的山火、偷伐古木大树现象比较严重，造成植被破坏，山体裸露，水土流失；其二，三道周边地区果园菜地的化肥、农药喷洒，极易流失进入水库，引发农业面源污染。所以，早在公司正式成立前，项目开发团队就花费了巨大的精力从事景区环境规划的保护与评价工作，和政府、农场及周边进行多向协调，制止环境破坏、再污染等行为。

正是有了环境影响评价，才使景区的一切建设都有章可依：建筑物高度不能超过5米，都掩映在绿树之下；建筑物外观不能用亮色，只能用深色；胸径不小于5厘米的树木都不能砍掉；景区厕所也要是环保的，要与周围景观融成一体；景区污水排放严格遵守国家标准，尽量做到零排放，不污染景区内的河流……在做环境影响评价时，有专家提出，河口村位于三亚市赤田水库陆域二级保护区内，不利于水库环境保护。公司迅速调整了规划，后退近4公里，将景区撤出了赤田水库的二级保护区。

二、规划，生态先行

"为打磨好这个景区，对总体规划反复论证、反复修改，力求先从规划上做到每一个细节都经得起推敲，每一个项目建设都不破坏原有的生态景观。"在介绍呀诺达雨林文化旅游区的成功之道时，张涛先生如是说。

呀诺达整体规划面积45平方公里，但周边有123平方公里的生态恢复保护区。这是因为，当时项目开发团队和农垦方面就达成了环境保护与开发共识，即坚持天人合一的"三个"生态开发理念：

坚持三位一体：生物多样性保护、生物考察和生态旅游三者融为一体；坚持三个充分：充分保护自然、充分利用资源、充分体现特色；坚持三个结合：主题公园与自然风光相结合、休闲度假与生态旅游相结合、传统文化与现代旅游功能相结合。

正是有了"先保护评价，后总体规划"的圆融理念，才有了景区这样的奇特景观：休息长廊沿着一株树做成了弧形，栈道因为一株小树开了个小孔，小树四周加了围网保护，石头偶尔也在栈道上露出头来，就连景区内的树名牌也做成了树叶的形状……

三、圆融文化，快乐管理，使呀诺达锦上添花

2004年，张涛先生介入呀诺达管理工作，受任总经理。

如果说，张晖先生是战略家，那么张涛先生则是实干家。如果说是张晖先生谱写了呀诺达这首婉转优美的乐曲，那么张涛先生则更好地演绎了这篇神奇的乐章。他们亲血兄弟，一个长于策略，一个精于执行。十年间，尤其是后期呀诺达的飞速发展着实见证了张涛先生卓越的管理能力。没有他的艰苦努力，也就没有呀诺达的稳步发展；没有他的不懈追求，呀诺达或许难以梦幻成真。

张涛先生从事企业管理多年，实战经验丰富，是一位精干的企业家和管理大师，也是呀诺达雨林文化旅游区的灵魂人物。呀诺达的事业现在之所以蒸蒸日上，能够一步一步走到今天，应该庆幸有这样一位宅心仁厚的领导。

张氏兄弟身上，散发着"敏锐独到的创业眼光、积极进取的人生态度、诚实守信的处世风格、务实合作的人际关系"等卓具魅力的徽商精神。和张涛先生在一起，感觉这些品质如影随形，无时无刻不感受到他身上焕发出来的激情。他充沛旺盛的精神状态、雷厉风行的行事风格以及运筹帷幄的领导力，着实让人钦佩。

张涛先生出身于军人，对优良的军营文化情有独钟。和呀诺达其他员

工一样，张涛先生穿着景区的绿色制服，皮肤黝黑，经常戴着一顶小白帽，说话声音洪亮，性格爽朗，眼睛散发着光芒，时刻向人展示着一种自信和力量。在呀诺达，他结合实际，根植入"令行禁止、快速反应"的军营文化，实施准军事化管理，不断地对员工进行军训、服务礼仪、技能提升等培训，建立"圆融文化、快乐管理"发展观，以企业持续发展为方向，以个人进步发展为目标，通过"认同文化、统一认识、明确目标、细化方案、强化执行、严格考核"的执行力二十四字真经，倾力铸造业务过硬、服务高效、管理规范、素质优良的精英管理团队。

张涛先生还为景区建立了一套严格的管理系统：所有的部门经理被分成若干小组，每周有值班经理带着照相机，在日常工作中巡查，考察各个部门的员工是否在规范化服务。员工的不规范化服务行为或者部门的卫生问题，都会被拍成照片，在每周的例会上播放，限期整改。

同时，在品牌建设上，张涛先生要求员工秉持让游客"乘兴而来、感动而归"的服务理念，倾心打造"环境舒心、人文称心、态度热心、服务贴心、质量放心"的圆融服务文化，全心全意、尽善尽美，努力让游客满意。

在呀诺达"圆融文化、快乐管理"的企业文化熏陶下，每一位员工均会跳《感恩的心》、《步步高》等手语舞蹈，均会唱《团结就是力量》、《一二三四歌》、《爱国奉献歌》等主旋律歌曲。

第三节 景区建设——汗水浇灌意志，锦绣之中添繁华

（2006年6月至2008年2月）

"美丽的花儿/人们只惊慕你现实的明艳/然而当初的你的芽儿/却也经历了风霜的洗礼/洒遍了奋斗的泪泉"。呀诺达如今的美丽，也一样经历了奋斗和磨炼。

一、会当击水三千里，把不可能变为可能

总体规划通过环境影响评价后，直到2006年下半年，才正式动工兴建呀诺达景区。

呀诺达雨林的开发与建设，着实是一场环境智慧、生态智慧与人文智慧的能量抗衡与发挥：既要考虑自然生态的和谐关系，又要考量旅游进入的便利；既要考虑如何不破坏原始生态，又要考量如何对其进行保护。

开发建设工作，无处不充满着愚公移山精神。想想看，开发建设不是在一片空地上拔地而起，而是在荒辽的森山野谷中进行"先保护再开发、边开发边保护"的生态景观系统工程。单是修建盘山游览公路和生态栈道，就耗费了大量的人力、财力、物力。

其实，早在规划还没有明朗的情况下，项目开发团队就已开始在当地农场进行"招兵买马"。首先组建起的是生态砖砖厂，用于生产景区建设用砖。当时开发团队租赁下了已经倒闭多时的三道农场藤艺厂的荒芜场地（现在为呀诺达指挥部），进行生态砖生产作业，日产生态砖两千多块。那种场景，就像新中国成立后的农村合作社一样，大家唱着《咱们工人有力量》的歌曲，热情高涨地投入建设工作。

早先苗圃育苗基地的筹建过程，也是总经理亲自带队进行扦插育苗，天天早出晚归。工作环境是恶劣的，生活条件是艰苦的，但大家的干劲却是十足的。为了心中的"香巴拉"，人人斗志昂扬。当时开发资金链还出现断裂的情况，日常运作非常困难，主要交通道路和生活设施、主要景观栈道和亭台景观，通通都是大家自建。管理人员当时也只发生活费，但大家都挺过来了。哪怕是万里长征，他们也相信总裁能带领团队走过生命沼泽地，迎来艳阳天。

雨林谷、梦幻谷的建设，是凭着公司高层领导历览世界的旅游心得和项目开发团队无数次亲身的穿梭体验，不断地进行考证与调整、再考证与再调整的孕育过程！大家顶着毒蛇、蚂蟥、蚊虫、有毒植物的侵袭，不断挑战自我。一天下来，整个人的骨架都快松垮了。项目开发团队所穿戴的军用服和爬山鞋，不知蹭破了多少件、磨破了多少双！那是一场自然与人性的较量、心灵与智慧的较量、汗水与信念的较量、山水与仁智的较量。

如果没有超前的远见与高起点的文化视野做支撑，如果没有一股愚公移山的精气神，"呀诺达——热带香巴拉"将依然子虚乌有。

"会当击水三千里，自信人生二百年。"正是"把不可能变为可能"这样一股牛劲，让项目开发团队克服了重重困难，不断把"呀诺达"精雕细琢，让它返璞归真，逐渐呈现在人们的眼前，成为世人皆可进入游览的生态雨林景观区。

二、心能转物真如来，一锤定音"呀诺达"

到过呀诺达的人，感受最深的，就是一声声扑面而来的充满乡土气息的"呀诺达"问候祝福语。景区的名字是景区人员非常重视的大课题，关于景区名字的研讨比项目的总体规划耗时还要长，直到景区试营业前期才由张晖先生提出。"呀诺达"的由来可以说是张晖先生"禅系于心"的产物。

早在2001年，张晖先生和他的项目开发团队以及专家调研员，就对景区项目取名进行了探讨，因当时风光优美的海南景区都带"湾"字，如亚龙湾、海棠湾，且项目临湖望海、河道弯弯，遂以三道地名加湾字命名：三道湾。一湾一世界，三道三菩提。

可是经过一段时间的考察研讨后，他们就觉得"三道湾"有些弱化了其本身的热带雨林景观，且过于一般，吸引不了人们的注意力。就湾区来说，海南岛聚集了很多响当当的滨海名湾，从琼北一路往下数，月亮湾、石梅湾、日月湾、香水湾、清水湾、海棠湾、亚龙湾、三亚湾等，比比皆是，多是滨海概念。"三道湾"是自创的名称，与富力地产在香水湾创建的"富力湾"相类似，圈层人知晓度高些。"三道湾"之于景区，是心有余而力不足。

"香巴拉"是张晖先生心目中早就成型了的概念，景区建造的方向目标就是成为"海南岛香格里拉"。"香巴拉"是藏语的音译，其意为"极乐园"，是藏传佛教徒向往追求的理想净土，即"极乐世界"、"人间仙境"。且"香格里拉"已是尽人皆知的品牌，希望可以借力打力。而热带是海南省的独有条件，冠以热带可以明确区位，意即"热带的天堂"。当时做总体规划时，就沿用了"海南三道热带香巴拉"的名称。

但是，直接借用"香巴拉"不免有些俗套，缺少独特创新性。景区取名还要继续推敲与研究，根据总体规划进程，时间相对宽裕，张晖先生采取了"放长线钓大鱼"的做法，让项目开发团队多方面外出学习，以及邀请专家学者前来考察，争取大家意见，做到集思广益。

名正则言顺。张晖先生深明其义，对景区取名相当地重视，并把它当成一个大课题，经常性地召开研讨会，要求一定要有所突破。就如何取得好的品牌案名，大家达成如下共识：

一是要朗朗上口，便于记忆；二是具有文化印记和差异化视点；三是要给人丰富的想象空间，具有品牌的生命扩张力。

除此之外，还要考虑是否切合旅游景区本身，是否能与绿色生态文化相互和谐，是否和本地乡土、周边关系协调发展，是否符合社会主义新农村建设。还有一点是，一定要契合"热带香巴拉"的气质内涵。

就景区取名的共识问题，研讨团队经常旁征博引，进行例证。如南山文化旅游区的"南山"，有极强的文化支撑点和生命张力，又能扩展为佛教、福寿等文化；九寨沟，有丰富的地域想象空间；开普敦"太阳城"——失落之城；五指山、万泉河等，地域文化，朗朗上口……

为了激活创新，研讨团队还借鉴了地产行业的智慧，举证了较为成功的例子：半山半岛——一半是海洋、一半是天堂；十七英里——我能与世界保持的距离；第五园——开门见中国……中国人是有智慧的，张晖先生要求景区品牌形象一定要体现出大视野、大智慧。

坦白地说，取名是件艰难事，一百个人就有一百个人的想法与智慧。而要取得好名，就更是难上加难了。研讨团队个个百思不得其果，随着时间的推进，课题研讨比项目的总体规划耗时还要长。

怎么办？离景区试营业期越来越近，而景区取名还没有实现软着陆，大家的心均有些耐不住了。期间有专家学者提出过"达瑟"、"亲达达"等概念，出自黎语。能不能在本土文化特色方面有所创新？考察了夏威夷，人家的一声声热情"阿罗哈"叫得人们心情欢畅，而我们又以什么来"Aloha"呢？

张晖先生经常是夜不思眠，辗转反侧。

有一天，他忽然想到，既然海南岛本身是个经济特区，现在又整个儿在建设国际旅游岛，那么我们是不是可以有一个属于海南岛印记的品牌概念？我们是不是也可以用海南方言来推出其独特的诉求？

是夜，他一直在喃喃自语：湖南有个张家界，四川有个九寨沟，海南有个什么呢？……中国可比拟的，也就是个一二三了。一二三、一二三、一二三……忽然，他不知咋地冒出来一句自我解嘲式的海南方言"呀诺达"（一二三）。就这么定了，他雀跃而起，一锤定音——"呀 诺 达！"

从没有这样兴奋过，张晖先生起了个大早，立即致电研讨团队，大家一片哗然！

张晖的"呀诺达"一词一出，他自个就像创世纪一样的兴奋。整个身心如醍醐灌顶，天地交融，九鼎乾坤。那种禅彻之悟，就好似南山三尊菩萨开光的紫气东来。按佛界的说法，宛若修佛"打七"成功后的心物归一……

干邑白兰地有句广告语："人头马一开，好事自然来"，"呀诺达"（见图1-1）一出，围困在景区规划之中的一切繁杂立即迎刃而解。包括总体规划的"哇哎噜"（我爱你）蜜月山庄、"啪鲁迪"（打你死）野外拓训等，一路开化，水到渠成。

释迦牟尼佛说：心能转物，即同如来。一个心机，滋生"呀诺达"，激活了景区规划建设的更多思路，事半功倍。

细品呀诺达，禅系于心，大山谷中有佛法。

图1-1 呀诺达

第四节 快速成长——厚积薄发，腾空出世

（2008年2月至2009年8月）

对于普通游客来说，海南"呀诺达雨林文化旅游区"好像是一夜之间冒出来的！

不同于一般景区的"未见其面，先闻其声"的面世程序，呀诺达没有在对外开放很久之前就大肆宣传，让众人翘首以待，千呼万唤始出来。呀诺达仿佛是收藏了百年的女儿红，一直深藏闺中，在主人认为必要的时刻宴请来客。酒塞打开那一瞬间，醉倒十里。

一、千呼万唤始出来，呀诺达腾空出世

2008年2月春节前夕，《海南日报》连续发布了几期整版《海南呀诺达、热带香巴拉》的热评文章和广告，"四川有个九寨沟，湖南有个张家界，海南有个呀诺达"这个副标题唤起了人们强烈的好奇心，掀起了海南热带"香巴拉"的探寻之旅。可是，"呀诺达在哪里？"媒体报纸并没有透露信息，这更加激起了广大年轻"背包客"四处搜寻、一探究竟的渴望。

一出手就不同凡响。这就是呀诺达！

从2008年2月2日试营业开始启动VIP预订式接待服务以来，呀诺达犹如一匹积蓄能量很久的黑马，突然撞进了人们的视野，迅速吸引了旅游界的眼球。"呀诺达雨林"声名鹊起，广为人知，成为海南当地旅游业界的热门话题。

呀诺达在短短一年时间，就以一个制高点融入了"大三亚旅游圈"，给三亚的蓝色文化补充了一笔浓浓的绿意。所取得的成绩也是有口皆碑。2008年11月，景区顺利通过了ISO9001质量管理和ISO14001环境管理双体系认证，被评为"游客喜爱的海南岛特色品牌景区"，荣登"海南旅游金牌榜"。

在由国际旅游营销协会、国际旅行商协会、世界华侨华人社团联合总会旅游合作组织在深圳市联合主办的"2008中国旅游品牌年会"上，呀诺达雨林文化旅游区从全国多个参评景区中脱颖而出，被评为"2008年中国最具影响力旅游景区"（见图1-2）。

图1-2　呀诺达被评为"2008年中国最具影响力旅游景区"

2008年12月4日，海南省发改委和海南省文化体制改革办公室将呀诺达雨林文化旅游区定为全省首批"重点文化产业园区"。

2008年12月22日，在海南省经济工作会议上，呀诺达雨林文化旅游区被认为是"省委、省政府要突出抓好一批关系全局、影响深远的重点项目"之一，被列为"十大重点旅游房地产项目"。

2012年8月，呀诺达雨林文化旅游区被文化部

图1-3　呀诺达被评为"国家文化产业示范基地"

评为"国家文化产业示范基地"（见图1-3）。

"景区从开放以来，游客流量每年都以翻番的速度在增长。"景区分管营销的副总经理王厚林说。呀诺达开园三年，第一年游客流量较低，亏损经营，但从2009年开始，每年同比增长速度都超过了200%，2010年，景区游客总量达到100多万人次。

呀诺达成为海南第三代景区的代表！

有人感慨：海南2008年应算是"呀诺达现象年"！

这一阶段，呀诺达为自己制定了新的目标：直接申评国家4A级旅游景区，同时全力为创建国家5A级旅游景区打下坚实基础。

二、巨星陨落，锦帆落向天涯！

如果说海南是得到造物主的钦点，那么呀诺达必定会让每一个来到海南的人去仰慕它心目中的英雄。

2009年8月24日，一个呀诺达人永远无法忘却的日子！

谁都想不到，张晖，这位中国旅游界为数不多的大师级人物，在呀诺达正当风生水起之时，突然中断了自己如日中天的事业，他的生命之树在第54个年轮被无情摧折：是日深夜，张晖总裁一个人进行新建项目勘察时，不慎滑落溺水，因公殉职。

殷勤献与年华，几度东风，几度飞花。一次独自踏勘，却成了与世间的永别。好像一夜之间，噩耗传遍社会各界，尤其是在海南旅游界，如夏天的一个惊天霹雳。人们不敢相信这是真的：一个海南旅游界领军人物，就这样走了？各界一串串哀思和扼腕伤痛。他的不幸遇难，不仅是海南旅游界的一大损失，也是中国旅游业的重大损失。

"天都快塌下来了。"呀诺达不少管理人员面对突如其来的噩耗，都有这样的望天长叹。就像天一下子黑了似的，让人迷失了方向，找不到北。

但在哀悼送别、料理完张晖的后事后，无比悲痛的人们慢慢地缓过气来，他们知道总裁的灵魂虽然走了，总裁的精神却会一直与他们同在。张晖的精神，是一种潜移默化的前进动力，延伸出呀诺达的价值观、荣誉感和凝聚力。在总裁精神的鞭策之下，呀诺达人深感任重而道远，不断奋力前行。

> 识君南山拓荒劲，呀诺达里复艰辛。
> 丰功已建志未酬，追思叹息泪沾襟。
> 知君常怀菩提心，居士慈悲礼佛勤。
> 可是观音怜群劳，宠召座旁享梵音？
> ——国家工商总局副局长李东生悼张晖

奇才早逝，天地悲恸！

斯人虽去，但英名永存！

张晖总裁，请慢行！

张晖总裁，呀诺达！

第五节 跨越升级——创建4A，拿下5A

（2009年9月至今）

精神的力量是巨大的。这一阶段，在新一代总裁张涛先生的带领下，景区取得了更加骄人的成绩。

一、4A、5A，逐一击破

自2009年起，呀诺达的首个目标就是直接申评国家4A级旅游景区。在呀诺达全体同仁的共同努力下，景区按照4A标准，加快硬件配套的完善，尤其是游客中心、标识系统的建设，努力提升服务质量。2010年7月，呀诺达正式通过国家旅游局的复评，公司于11月12日举行AAAA景区揭牌仪式。国家4A级旅游景区的创建，使景区在企业管理、硬件设施、服务质量等方面取得了显著进步，增强了资源吸引力和市场影响力。

有了创建4A级旅游景区打下的坚实基础，呀诺达一鼓作气，于2012年1月20日获得国家5A级旅游景区称号（见图1-4），成为继三亚南山、三亚

图1-4 呀诺达被评为"国家5A级旅游景区"

大小洞天之后海南省第三家国家5A景区，进一步提高了景区的影响力。

与此同时，景区的成绩接踵而至：

2009年12月，景区被中国质量信用评价中心、中质信（北京）信用评价中心评为"全国游客满意、优质服务示范景区"。

2010年6月14日，呀诺达雨林文化旅游区被确定为首批全国旅游标准化试点单位。

2010年9月20日，海南省交通运输厅正式批复三亚市开通一条往返于三亚市区与呀诺达旅游景区的定线班线，标志着三亚至呀诺达景区定线旅游正式启动。

2010年11月10日，景区被海南省质量协会评为海南省用户满意品牌。

2010年12月20日，景区被海南省政府评为海南低碳景区试点。

2011年6月14日，景区被海南省教育厅授予"海南省青少年学生生态环境保护教育基地"称号。

2011年12月8日，国家人力资源和社会保障部、国家旅游局联合授予呀诺达景区"全国旅游系统先进集体"荣誉称号。

2011年12月31日，呀诺达景区荣获2011年海南省旅游行业创先争优活动"优秀旅游景区第一名"。

2012年4月27日，景区被全国总工会、国家旅游局授予"全国旅游系统先进集体"称号。

2012年5月1日，张涛董事长荣获"全国五一劳动奖章"。

2012年8月20日，中华人民共和国文化部命名呀诺达雨林文化旅游区为"国家文化产业示范基地"。

特别是2010年年中及下半年，海南全岛旅游行业由于上海世博会及海南特大暴雨等不可抗力的影响受到巨大的冲击，而呀诺达景区在此不利的情况下，以准军事化管理为基础，贯彻实施国际ISO9001质量管理体系和ISO14001环境管理体系，构建游客满意系统，对内加强服务水平的提高，加快基础设施的完善，对外拓宽营销渠道，扩大客源市场。

二、深化，"体验—休闲—度假—养生"

为推动国际旅游岛建设，景区启动了总体规划修编，全面提升管理，景区由观光旅游向体验、休闲、度假、养生旅游深化（见图1-5、图1-6）。

图1-5　呀诺达全景图

2011年4月初，呀诺达邀请国内知名的生态专家、旅游专家、地理专家考察景区，召开景区发展专家研讨会，并对《呀诺达雨林文化旅游区总体规划》进行修编。此次修编的目的包括：进一步提升呀诺达文化品牌；创新景区发展思路；制定更严格的生态保护规划，在此基础上重新修订一个与海南国际旅游岛建设相适应的呀诺达发展战略总体规划。

目前，呀诺达正在筹建三道谷（见图1-7、图1-8）、蓝月谷和志妈谷旅游片区，建成后，将向世人展示神秘、神奇、神圣的热带雨林风光（见图1-9、图1-10）和生肖广场、丛林野战、滑草场、啪鲁迪野外拓训、滑索及高空蹦极等互动娱乐项目。根据规划，呀诺达还将建设的项目有：雨林博览、哇哎噜蜜月山庄、亲达达养生庄园、呀呀呀热带果乡、"梦回呀诺达"大型演艺区以及相配套的3B酒店和高级私属度假村，计划投资40亿元左右。

图1-6 观海台远眺海棠湾

图1-7 三道谷之一

图1-8 三道谷之二

图1-9 雨林奇观——独木成林

图1-10 雨林天池

第二章 呀诺达经营理念

一件艺术品得以传世，除了精湛的技术和完美的外表，还有凝聚在外形之下的工匠的审美内涵和情感；一个民族可以长久地立于强国之林，除了高企的GDP（国内生产总值）和船坚炮利之外，必然拥有先进的文化和治国哲学。纵观历史舞台，长久立于不败之地的企业，拥有的不仅仅是面对机遇时的正确决策和高效的管理运营机制，最重要的是其背后的经营理念。

在中国，经营理念往往与公司的创始人关系密切，呀诺达的创始人张氏兄弟张晖和张涛先生精于中国传统文化，尤其推崇佛学思想的圆融之道。呀诺达重视企业经营过程中环境、经济、社会效益的和谐统一，关注游客、居民和员工的福祉，不断考问旅游对人类的终极意义。呀诺达最终成为一种精神和独特的企业文化的代名词。当企业不是为了财务报表的数字而是为了一种理想和人类的终极福祉而存在时，企业的经营便成了一门传达美的艺术。

第一节 Yanoda精神——创新、承诺、践行

每天开园伊始，景区门口身着岛服站成一排的导游，打着"丫"形手势，热情大声地向游客问好："呀诺达"，成了景区一道亮丽的风景线。让从未到过呀诺达的游客感到无比的新奇，让故地重游的游客感到回家的亲切与温暖。

也许刚进入呀诺达，人们素不相识，还不习惯陌生人间的相互问候，但当满山都洋溢着呀诺达式的欢乐的时候，大家便深受感染，"丫"形手势、响亮的"呀诺达"传递着一份关爱和友好，陌生的你我他之间，霎时快乐满溢。游客、景区员工，乃至景区的一草一木，似乎都带着欢快的微笑，向进入景区的每一个人传递着

一份愉悦，在这里人和自然、景区和游客都是宽容友爱的，高度和谐的。

大家互相问候的"呀诺达"、问候时打出的手势、V字礼（见图2-1），是什么意思呢？

呀诺达，通过一个V字礼——胜利之手，就打出了"呀诺达"品牌！"呀诺达"是形声词，是由海南本地方言的"一二三"音译而来，本意为"123"。"呀诺达"也是一句真诚热情的问候和祝福

图2-1　呀诺达V字礼

语，一般解释为"大家好"、"您好"、"欢迎您"、"祝福您"、"再见"等意思。"呀诺达"在呀诺达雨林文化旅游区，被赋予新的内涵："呀"表示创新，"诺"表示承诺，"达"表示践行。我们称之为Yanoda精神。即立足实践，履行承诺，通过不断的创新，创造出一个将海南旅游带入全新境界的主题文化旅游园区，一个难以忘怀、挥之不去、永远铭刻于心的文化旅游胜地，一个将成为海南旅游新历史时期的标志和象征。

首先，"呀诺达"，意在弘扬根植于海南岛厚土之中的本土文化以及孕育这本土文化的源远流长、博大精深的中华民族传统文化。既然用"呀诺达"来命名，那么它就是海南的，是其他地方所没有的，是在海南独树一帜的；它是海南的，又是能够让影响超越海南、远播海外的。它是海南的，又是中国的；它是民族的，又是世界的。

其次，"呀诺达"精神体现为对海南中部发展的崛起、对热带雨林旅游的破题，以及让海南旅游以更加饱满的色彩走向世界舞台的创新、承诺和践行。呀诺达雨林，可以称为"绿色生态文化"的一朵奇葩。国际旅游岛建设的进程，加快了海南岛的旅游开发。当旅游企业纷纷向东的时候，呀诺达建

设者选择了贫困的中部；当大家努力向海延伸的时候，呀诺达建设者选择了向山推进。呀诺达景区所特有的热带雨林资源，与三亚的大海、阳光、沙滩等现有旅游资源之间形成了良好互补，有力地推动了山海互动、蓝绿相融旅游格局的形成。"呀诺达"，它是建设者内心发出的目标追求，是建设者依托的精神家园，更是建设者奉献给人们的又一个提高生活质量、陶冶生活情趣、愉悦美好心灵的理想净土。

再次，从一开始，呀诺达建设者就明确了"呀诺达"雨林文化旅游区的定位与园区性质。建设者立足于以保护生态环境、保证自然资源可持续利用为前提，以生态原理统筹规划和合理开发 "呀诺达"生态旅游资源，在实现对生态环境资源保护—利用—保护良性循环的基础上，努力把它建设成为以热带雨林的天然形胜为基础的，融汇"原始生态文化、黎苗文化和生肖文化"等优秀传统文化理念的，具有国际水准的、以热带雨林——"原始绿色生态"为主格调的高档次、高品位、高质量的大型生态文化旅游主题园区，使它成为推动海南生态省建设和地方经济发展的海南文化旅游产业的知名品牌。

从2000年项目开发团队启动景区勘探工作，到今日成为通过ISO14001环境管理体系认证和ISO9001质量管理体系认证的5A级景区，成为海南真正的绿色明珠，扛起海南中部旅游振兴的大旗，靠的是什么？不外乎是该景区所赋予的呀诺达精神："呀"表示创新，"诺"表示承诺，"达"表示践行。呀诺达，将立足实践，履行承诺，不断创新，践行Yanoda精神，不断追求卓越、超越梦想，成为世界级的生态复合型国际休闲度假旅游区——国际养生之都。

第二节 功夫在诗外——圆融文化，快乐管理

一、三道圆融文化是中国传统文化的精髓

自从盘古开天地，三皇五帝到如今，人们永远无法逃避生与死这两个亘古不变的法则，无论是帝王将相还是平民草芥，都将是"生者必死，聚者必散，积者必竭，立者必倒，高者必堕"的轮回演绎。生与死、爱与恨、喜与悲交织出天下多少惊天地、泣鬼神的人生戏剧，然而一切最终都将是——大江东去，俱往矣。为何生？为何死？是生之渴求，死之畏惧？还是生如行，死如归？这些都是人们构造正确的人生观、价值观、世界观的最重要和最严肃的思考。

国于天地，必有以立。何以立国，唯以民族精神为基础。民族精神根源于优秀的民族文化。中华民族的优秀文化是滋养民族生存，维系民族团结，维护国家独立与统一，推动民族进步、发展和繁荣的精神力量。

《古德经》语：人生难得，佛法难闻，中土难生。这个"中土"即中国"中原"这块土地。中华民族的文化"本于大公，发于至诚，归于仁义，成于力行"，蕴藏着许多人类深邃的智慧。

人做什么事，就变什么性。做好事就变成善性，做坏事就变成恶性。

1. "五大教"全是一家，教人向善

一般人见人不好就生气。其实如果没有病人要医生有什么用？要是没有恶人、罪人，就不需要教主，也没人可救了。如果没有邪恶，世间就不会有天灾、人祸。如果没有私心，人类就不会有疾病存在。"人之初，性本善"。性本是善良的，善怎能生恶呢！全世界人都赞成五大教，当然全是真的。只要真信、真行，你就能得道。

五大教教主，全是存善心，行天道。宁肯牺牲身体，保全天理，发扬天性，大公无私，没有是己非人的心。各教圣人都能够忍辱，慈悲众生，哪会有争强夺胜的心呢？

耶稣讲："洗心移性，默祷亲一"。

穆罕默德说："坚心定性，礼拜朝一"。

老子讲："修心炼性，抱元守一"。

孔子讲："存心养性，执中贯一"。

佛教说："明心见性，万法归一"。

这个"一"就是天性、天道、本性、佛性、正觉，就是"阿耨多罗三藐三菩提"，无上正等正觉。

2. 三界是人的来踪

人是天地人三界生的，天赋给人的性，地赋予人的命，父精母血生身，可以说"三界是人的来踪"。

人的天性是纯阳的，只知为人，不知为己；心是半阴半阳的，所以才有人心（为己）、道心（为人）的分别。身体是个胎生物，是纯阴的，所以只知有己，不知有人，喜欢习性，贯执禀性。

身是应万物的。有不会做的工作，要努力去学，越学身体越灵巧，越做越有力，越学越精进，"艺多不压身"。

心是存万理的。有不会办的事，要虚心向人请教，要专心研究，格物透了就能豁然贯通。要多向善知识学习，多读圣贤文章。"近朱者赤，近墨者黑"，要控制自己的心，要远离不良之友（吃、喝、淫、赌、吸），少发火，不悭贪、不嗔恨、不嫉妒。

性是聚万灵的。要存天理，以天理行事，便和天接灵。天理就是公心，就是去私欲。不知为己，只知为人，一心为公，多行十善，就能除十恶。"我为人人"是天理良心。"人人为我"就是天理护持，你就在道上了。

3. 除私欲，开了快乐路

人本来是快乐的，你为什么不快乐呢？人本来是万物之灵，又为什么不灵了呢？

因为人的天性里有了禀性（怒、恨、怨、恼、烦、贪、嗔、痴），遮蔽了天性。就像乌云挡住了太阳，无明就会产生。分不清是是非非，往往认贼（十恶）做父（有奶就是娘），遇事就耍脾气，天性就混了。

心中有私欲，遮蔽了良心，任情纵欲，不怕天理，不顾道理，不顺伦常，为了私心满足欲望，就做出了违背伦理道德的事。所以叫"丧天害理"。名、利、物、欲迷心窍，就糊涂了。

身上要有嗜好享受不着，就生烦恼，享受过度，就伤身败德。为了嗜好，就违背了良心（天理），干出些贪、嗔、痴、偷、抢、扒、拿，甚至杀、盗、淫、妄的勾当来。最终劳神伤财，事业失败，甚者，以身试法，毁其一生，堕入轮回。

人只知有个身我，不知天上有个性我、地府有个命我。

佛家的"三皈"就是性、心、身。性存天理就是皈依佛，心存道理就是皈依法，身尽情理就是皈依僧。

道家的"三华"就是性、心、身。性华开天理足，心华开道理足，身华开情理足。

儒家的"三达德"就是性、心、身。性存天理有仁，心存道理有智，身尽情理有勇。所以儒、释、道本是一家人。

4. 三道圆融

三教就是三道。儒家从立命做起，道家从炼身做起，佛家从见性做起。万教以人为本，人有性、心、身三本，当人把本忘了，便立不住了，所以叫"本立而道生"。

　　人有三宝：精、气、神。就是性、心、身。性属水，心属火，身属土。水是人的精，土是人的气，火是人的神。精足有智慧，气足有发育，神足有灵气。

　　人有三性：一是天性，二是禀性，三是习性。天赋的性是天性，是纯善无恶的。孟子说的"性善"是指的天性。人赋的性叫禀性，是前世带来之恶性，是纯恶无善的。荀子主张的"性恶"，正是指的禀性。后天的性叫习性，习性可善可恶，"近朱者赤，近墨者黑"。庄子说的性"可东可西"正是指的习性。天性不清不明，要想清天性，先去私欲。禀性不化不正，要想化禀性，先去我见。放下贡、高、我、慢。习性不去不能立，要想去习性，先去不良嗜好。

　　人有三命：一天命，二宿命，三阴命。性与天命合，道义就是天命。心与宿命合，知识、能力、钱财、富贵都是宿命。身与阴命合，禀性就是阴命。把这三命研究明白，命好不好，哪用算命呢？

　　人有三身：德身、罪身、孽身。性是德身，心是罪身，身是孽身。人用善心去生活，一心一意去工作，诚心诚意与人行善。格物致知，感召天地，德行天下。立身行道，就是德身。如果身尚未动，心先厌烦，那么做起事来就马马虎虎，做的工作少，损坏的材料多。身子闲，心不闲，思前想后，苦恼身心，必定生病，这叫罪身。身体是个胎生物，物与物合，就愿归为己有。不论任何好东西，一到身上准坏，见到好的就想占，见钱眼开，见色起欲。所以叫"无底深坑"，永填不满。不用说吃、喝、淫、赌、吸全占，只吸毒一件就能吃尽家财万贯，导致家破人亡。争贪不已，不惜身命，专丧良心，闯祸犯法，牵累心性，叫心累性的孽身。

　　人必须不染孽身，不造罪身，归一德身，才能成己成人。不争不贪，福禄无边。贪来的是过，争来的有罪，搅来的是孽。

　　人的所作所为，自性知道，就是天上知道；自心知道，就是地府知道；自己做出来，人人都知道。

　　心正聚神，性定生慧，聚万灵，身喜勤劳，结善缘。这种人像太阳，走到哪里哪里亮，人人欢喜，个个敬仰，有无穷的快乐，享受"性天真乐"。

　　《中庸》上说："唯天下至诚，为能尽其性，能尽其性，则能尽人之性，能尽人之性，则能尽物之性，能尽物之性，则可以赞天地之化育，可以赞天地之化育，则可以与天地参矣"。

二、快乐是人生的真谛

人类历史发展的漫漫历程，其追求的目标：一是物质文明的不断进步；二是精神文明的不断提高。追求快乐是人生的终极目的，一切生活、工作的付出能够在快乐中进行是人生精神意义上的享受。

● 快乐——快乐的、幸福的、逍遥自在的。

● 管理——管：看管、照管，是制度；理：道理、事理，是行为约束。

● 用快乐的、幸福的心情去做在制度约束下符合道德规范的事或工作。

企业经营的目的是为了快乐地赚取利润；员工努力地工作是为了快乐地生活；顾客心甘情愿地消费是为了快乐地享受。人生应该快乐地生活；员工应该快乐地工作；顾客应该快乐地享受每一天。

所以，人们在亲朋好友过生日时的祝福语是"祝你生日快乐"；在新婚燕尔之时的祝福语是"祝你新婚快乐"；对老人的衷心问候是"祝你生活快乐"；对在外旅游的人的祝福是"祝你旅途快乐"……

三、"学习、创新、执行、快乐"

企业应当成为为社会创造财富、集聚人才的快乐群体。我们把这种群体称为组织或团队。团队是许多个体的集合。

在全球化进程日益加速前进发展的时候，企业的竞争愈加激烈，个体与群体之间的关系也愈加紧密。长期以来，如何使企业更具有核心竞争力，个体如何在团队整体中实现自我价值一直是企业文化的焦点问题。

作为一个新兴的大型旅游企业，我们将创造旅游业的奇迹，打造可以驶向未来的"旅游航母"。创造性地制定企业行为的目标，让我们站在全球一体化的高度，立足于中华民族文明的土壤，置身于旅游产业发展的实际，将"以人为本"作为管理的根本，吸纳国际一流企业管理的经典，借鉴他人和我们自身的经验，提出了企业运营实践的八字方针："学习、创新、执行、快乐"（见图2-2）。这八字方针是快乐管理的核心思想。

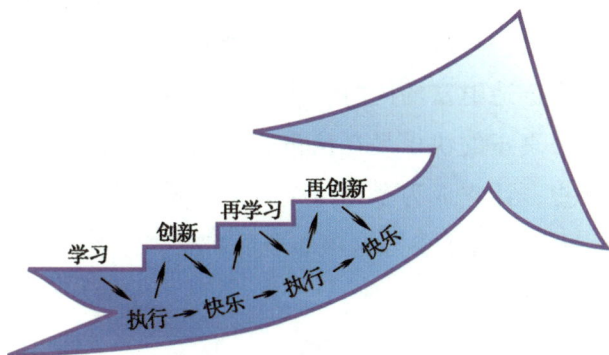

图2-2　快乐的八字方针图

1. 学习

学习就是不断地"否定、提高、再否定、再提高"的"练内功"的过程。学习的目的是不断增强企业凝聚力，不断提高企业竞争力。而学习的真谛是不断地超越自我，获得心灵的和谐，活出生命的意义。学习需要我们把个体的"小我"融入到团队整体的"大我"之中，需要把个人命运与团队的发展结合在一起，产生个体与整体的和谐互动；将个人愿景根植于团队愿景之中，个人价值才可能全面体现和升华。

2. 创新

创新就是不断地"变化"，敢于否定原有的经验、思想，勇于创造新的理念和方法。创新是学习的活化，创新是应变；创新是超越模式的禁锢而获得持续发展的动力。创新是用两只眼睛看世界：一只在天上看世界上先进的技术；一只在地上看自身，把握市场脉络，抢占先机，编织故事，策划项目，驱动愿景。创新的要素包括策略、绩效、流程、人员、技术等多项功能。

3. 执行

执行就是竞争力、落实力、贯彻力。执行的三个核心流程是：人员、战略、运营，是企业建设、管理和发展的全过程。流程之间互为作用，从而最大限度地创出绩效、降低成本、化解风险、胜出市场。执行是纪律，是决心，是企业上下必须遵循的原则，是实现战略目标的唯一途径。在执行中，人员比其他流程更重要。对企业而言，执行的关键在于"知人善任、脚踏实地、实事求是"，而不是"蜻蜓点水"、"浮萍水草"。

4. 快乐

快乐是一种境界。通过学习、创新，不断获得智能的知识，不断认识自我、超越自我、挑战自我。快乐是一种现实，把员工的个人愿景与企业的发展构成共同愿景，当企业为社会创造财富的同时，个体也获得认可、获得回报，享受实现自我价值的快乐。真正的快乐是在从事有意义的活动中产生的。我们用最生动的方式呈现梦想，让它成为激励每个人的力量。我们为有缘能够加入我们的团队，作为团队的一分子参与这项事业而自豪。

我们生活着，我们工作着，我们快乐着。

四、快乐管理树释义

快乐管理树释义如图2-3所示。

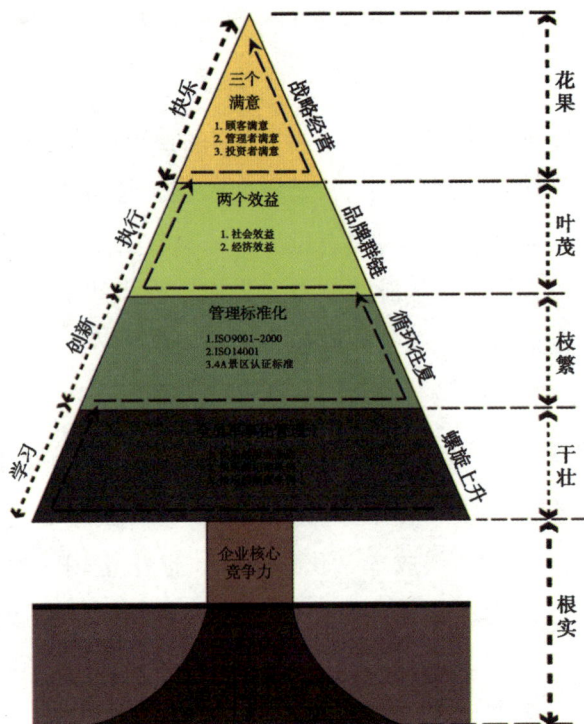

图2-3 快乐管理树

1. 企业核心竞争力是快乐管理的核心

企业核心竞争力是指企业赖以生存和发展的关键要素，是指能为企业带来超额利润的独特能力。

随着经济全球化进程的加快，各产业领域与国际全面接轨，对企业的发展尤其是旅游企业的发展带来更加严峻的挑战。企业的存亡取决于是否具有核心竞争力。

因此，我们创造性地设计了三连环"企业核心竞争力图"，科学地体现"三个结合"，整合我们的自身优势（见图2-4）。我们综合"七种要素"的多元优势，形成具备"五个特征"的资源和能力，通过运营实践打造企业核心竞争力。

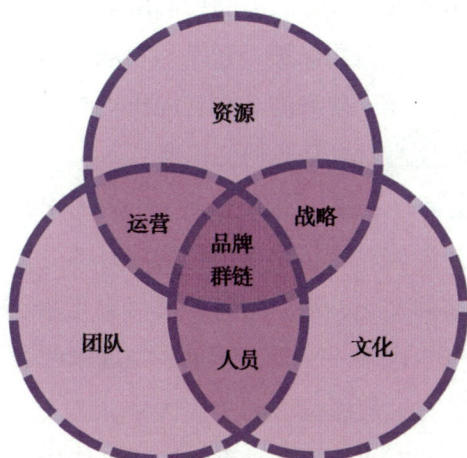

图2-4 企业核心竞争力图示

2. 三个环节、七种要素的表述

以资源、文化和团队作为我们的三大优势竞争力，我们称之为"第一环节"。

立足资源，依托文化，确立战略项目和发展目标。以人为本进行战略实施，建立系统管理和运营，形成强劲执行力。建立在三大基本优势基础上的"人员"、"战略"和"运营"是我们的核心执行力。执行力就是竞争力。我们称之为"第二环节"。

以"第二环节"为基础构成"核心环节"，即打造我们的终极产品——一群精品链组成的"品牌群链"，这将成为我们参与国际旅游市场的"第三环节"——核心竞争力。

三个基本环节相扣叠汇，形成"七种要素"、三个层面。三个层面层层递进，形成塔状链接，科学有序，目标鲜明，最终形成"买不来、偷不走、拆不开、带不了、溜不掉"的"五个特征"。这是我们赖以打造核心竞争力的独特模式。

第一环节：三大基本优势竞争力

（1）资源。海南岛是中国唯一的热带海岛省份，集热带海岛自然风光、民族风情、地热温泉、阳光海岸、火山遗址、文化古迹、珍稀动植物于一岛。据初步调查，全岛可供开发的旅游资源共有11大类241处，具备了中国唯一、世界少有的生态环境，被称为"天然大氧吧"。碧海蓝天、青山绿树、阳光沙滩、椰风海韵是大自然赋予海南的宝贵财富。旅游业必然是海南"最具特色和竞争力的产业之一"。然而，海南岛的旅游资源毕竟有限，如何有效利用资源、保护资源、开发资源是战略性问题。在某种意义上，目前控制资源，就意味着在未来获得竞争力。

海南旅游经过建省十多年的发展，已具备了一定的基础，但距国际旅游市场高水准要求还有很大差距。旅游资源开发定位不准、浪费性和破坏性大、旅游产品不足、缺乏多样性、欢乐性不够、市场混乱等，成为制约海南旅游发展的"瓶颈"。因此，依托海南资源优势，进行集约化保护、开发和管理，加快旅游资源优势转化为产业优势和经济优势的步伐，使海南岛在新的历史时期呼之欲出，真正走向世界，是我们这一代人的使命，也是我们的机遇。

（2）文化。"文化"在这里有两个层面。一是以具有五千年历史的中华民族优秀传统文化为背景。旅游的内涵是让游客在游历水光山色的同时感受文化的神秘，享受文化的浸润。将中华民族信仰文化、海南独特的民俗文化融于海南热带海岛旅游资源的开发中，形成一群中国唯一、世界罕见、主题鲜明、具有强烈震撼力的大型旅游景观，是我们独有的地缘优势和文化优势。

文化的第二个层面是我们的企业文化。以"学习、创新、执行、快乐"八字方针为核心的企业文化是我们企业的灵魂，是我们立足实际以综合眼光制定出来的指导企业行为的原则。它将赋予我们脉搏和血液，使我们卓踞于旅游产业。

（3）团队。这是一群具有"一个心眼"、"两只眼睛"和"三种能力"的人的结合体。

"一个心眼"，就是要热爱海南，不能有短期行为，不能急功近利。要多做实事，少说空话，既不要好高骛远，也不要妄自菲薄。

"两只眼睛"，是指 "一只眼睛往上看"，要看懂世界和中国国内类似于美国迪斯尼、深圳华侨城等主题公园的成功经验；同时，要看懂世界热带滨海地区，如泰国的普吉岛、印度尼西亚的巴厘岛、加勒比海沿海诸国等保护开发利用资源的长处。"一只眼睛往下看"，是指要看到我们自身的特点、看到游客的需求、看到旅行社运作的困难以及海南岛景区景点的实际情况。通过这"两只眼睛"的综合视野，才能看到海南需要拓展什么样的与周边地区不重复的景观项目。

"三种能力"，指项目操作者应当具备三种能力，即高水平文化策划和总体规划的能力，实施这些策划和规划并在建设中再创造的能力，一流的国际水准的管理能力。

第二环节：执行力就是竞争力

（4）战略。包括战略定义和战略项目等。战略定义是，为企业赢得市场份额，并建立可持续竞争优势，同时为股东获得足够丰厚的回报。战略项目包括我们目前规划中的构成"景观产品群链"的旅游景观项目等。每一项战略规划实际上就应该是一份行动计划。战略的流程是将人员与运营结合起来。

（5）运营。运营应包括一流的国际化管理、市场运作和数字化系统。运营计划是把企业目标分解成阶段性任务逐个完成，为人员开展工作提供明确的指导方向，并且在运营中不断根据市场变化调整计划制定新目标。同样，运营流程在战略和人员之间建立联系。

（6）人员。人员流程比战略或运营更为重要。无论是对市场情况的判断、根据判断制定相应战略，还是将这些战略付诸实施，都需要人来完成。在执行层面上的人员就是我们企业需要发展、培养和依靠的人才。这也是我们最具优势的资源。

核心环节：核心竞争力

（7）品牌旗舰——景观产品群链。品牌旗舰，是指具有品牌价值的景观产品群链。所谓群链，不是一个地点、一个景区、一个品牌，而是区域范围内由精品产品链形成的品牌群。国际化呼唤集团化，单项孤立产品已经不适应世界经济一体化的要求，不具有竞争力。因此，作为新兴的旅游企业，我们志在建设一个大型旅游景区管理集团，并通过先期对"五大主题景观群"的规划，通过对本岛不同地区的特色资源的整合和编制，将储备资源逐一转化为一个个主题鲜明的旅游产品。通过资源集约化、经营一体化、运作品牌化、市场网络化，在较短的时间内以最少的成本、最贴切的项目文化内涵、最到位的软硬件设施、最优质的服务，形成海南旅游全新的品牌旗舰。同时着眼未来，使之具备新世纪旅游业持续性发展的全部要素，以此介入中国和世界旅游经济体系。这将是我们决胜21世纪的核心竞争力。

3. 全员军事化管理是快乐管理的基础

无规矩不成方圆，自由需要建立在法律基础之上，快乐的实现也离不开纪律的实施。员工要完成由"没纪律—受纪律约束—自我约束"的转变；由"自由个体—团体成员—团队作战"的转变；由"不情愿—服从—献身"的转变。

（1）全员军事化管理是快乐管理的基础，是企业管理的行为理念。"令行禁止，快速反应"是军事化管理的基本要求。服从是军人的天职，也是员工的天职。在企业运营管理过程中个体应以牺牲"小我"而成全企业的"大我"为价值标准。

（2）全员军事化管理是培养和造就员工坚强的服务意识。让员工变成"子弹"，在运营中具备高度的耐摩擦力和穿透力。领导把员工安排在哪里，员工就应不折不扣地听从指挥、坚决执行，并完成服务。

（3）全员军事化管理，是打造强悍团队的必经之路。锻造员工的心灵，杀掉心中的敌人：自卑、恐惧、软弱、懈怠、委靡等人性的弱点，而练成勇敢、自强、拼搏、积极主动的新精神，使员工终身受用，使企业长盛不衰！

（4）全员军事化管理是培养员工统一的道德原则——正义、善良、同情。高尚的价值标准——忠诚、正直、无私，是要保证以游客满意为目的的服务宗旨的贯彻落实。

（5）全员军事化管理的目的是使全体员工形象发生转变。让其行为达到：全面受控，行为塑造，标准有序，形象统一。

全员军事化管理是企业管理的基础，以快乐管理三大条例为基石，形成快乐管理的基本条件，快乐管理三大条例是全体员工的必遵条令。《快乐管理的服务条例》规定了全员以经营就是服务，以顾客满意为标准的行为规范。《快乐管理的纪律条例》规定了全员以"铁的纪律、人人平等"来执行的各项应遵不犯的标准。以"纪律只有不断去完善和遵守，没有第二选择"

打造成功团队。《快乐管理的制度条例》规定了各司、职工作流程和工作标准，使部门之间互有支持，上下之间有规导矩。

4. ISO国际标准是快乐管理的架构

实施ISO质量和环境体系管理是企业走向国际市场的需要，是加强管理、提高质量、预防环境污染和改善环境行为的需要；是发展经济、提高品牌、实现环境与经济可持续发展的需要；是富国强民、造福子孙万代的需要。

全面质量管理和全面环境管理是快乐管理的检验尺。企业通过强制管理，使运营的整个过程、全部因素始终处于受控状态。其目的是"建立体系、重视协调、统一思想、规范行为"，达到一切为了服务，一切为了游客满意。

美国著名将领巴顿将军言："纪律只有一种，这就是要完善的纪律，假如你不执行和维护纪律，你就是潜在的杀人犯。"所以实施标准化管理就是使各项制度和服务，始终处在全员自觉的执行贯彻中。"不懂得服从和执行，就不能做领导，就不能成为优秀的企业家"。不能有效地贯彻执行全面质量管理和全面环境管理，就不能成为一个优秀的管理者。

标准是衡量我们的行为完善有效、任务落实的彻底与否的尺度。通过有效的执行、组织、实施，使这些标准完全地成为全体员工的行为规则。

（1）全面环境管理和全面质量管理概述。

环境问题是工业发展的伴生问题。人类在创造和发展繁荣的经济、享受文明生活的同时，也付出了"破坏环境、违背环境规则"的代价。即人类赖以生存的环境受到了越来越严重的破坏，环境的不断恶化又反过来制约了人类的经济发展和物质生活的进一步提高。环境与发展的问题已成为全球性重大问题。

作为一个新兴的大型旅游企业，我们不但要创造现代旅游业的精品，同时也要创造全面质量管理和全面环境管理的精品。ISO9000和ISO14000在质量管理体系和环境管理体系方面都强调预防为主和不断改进的思想。两套标准对企业的管理体系的共同要求是将检查把关转化为预防和改进，将分散活动转化为系统的、全面的综合治理，将管治结果转化为控制因素。我们把ISO9000所要求的质量管理体系与ISO14000所要求的环境管理体系结合起来，构成"圆融文化、快乐管理"的联合管理体系。这种体系的受益者包括顾客、社会、政府、投资者和管理者。其目的是既要满足来自顾客方面的质量要求，又要满足来自法律、法规和其他方面的环境要求，实现在质量和环境两方面的预防和不断改进。

（2）PDCA循环过程的四个阶段。

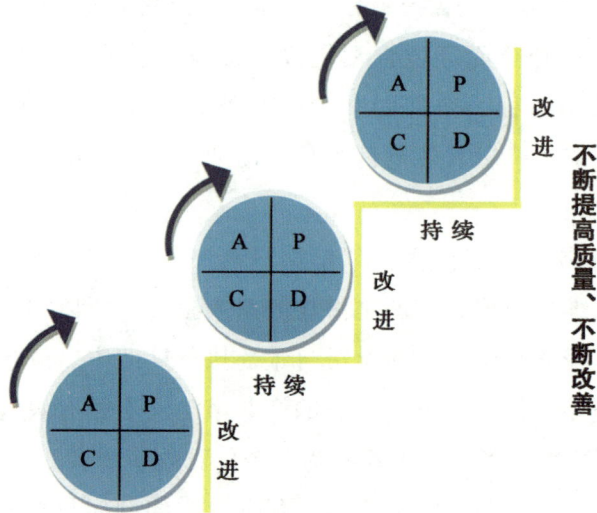

图2-5　在持续改进中不断提高

PDCA循环过程的四个阶段如图2-5所示。

1）第一阶段：计划（Plan）。此计划与企业发展的过程和管理的阶段性紧密相连，与企业的大政方针相一致，与全员教育密切挂钩。该阶段以提高质量和改善环境行为、降低消耗为目标，通过分析诊断确定影响质量和环境的因素以及可能的重要的质量和环境影响，制定方针、目标、指标以及达到方针、目标、指标的具体方案。这就是计划阶段。

2）第二阶段：执行（Do）。主要活动是按照第一阶段制定的计划和方案组织执行，以实现质量和环境改善的目标。

3）第三阶段：检查（Check）。该阶段对照计划阶段提出的要求，检查、验证执行阶段的效果，及时总结经验，发现问题和采取纠正措施。

4）第四阶段：评价和处理（Action）。该阶段主要是根据体系的实际状况和文化提出新要求，依次为下一轮循环提供准备，也是总结阶段；通过评价处理提出改进要求。

（3）全面质量管理。

全面质量管理（Total Quality Control），简称TQC。ISO9000族标准给全面质量管理的定义是："一个组织以质量为中心，以全员参与为基础，目的在于通过让顾客满意和本组织所有成员及社会受益而达到长期成功的管理途径"。

所以，全面质量管理就是企业全体员工及各部门同心协力，把专业技术、经营管理、数量统计和思想教育结合起来，建立起新产品的研究、设计、生产（作业）、服务等全过程的质量体系，从而有效地利用人力、物力、财力和信息等资源，提供出符合规定要求和用户满意的产品或服务。

它的基本任务是提高人的素质，调动人的积极性，人人做好本职工作，通过提高工作质量来保证和提高产品质量和服务质量。

它的基本特点是以预防和改进为主，以系统的观点进行全面综合治理为主，以管因素、查原因、抓主要矛盾为主，发动全员、全部门参与，依靠科学管理的理论程序和方法，使生产、作业的全过程处于受控状态，以达到保证和提高产品或服务质量的目的。

（4）全面环境管理。

全面环境管理（Total Environmental Management），简称TEM。全面环境管理是利用全面质量管理的指导思想，以保护环境为前提，以全员参与为基础，以产品或服务的全生命周期为范围，通过预防污染和持续的环境改进达到经济与环境同步和持续发展的目标，在环境得到最大限度保护的条件下发展生产，创造良好的经济效益和社会效益，实现顾客、全体员工和社会共同受益，并达到长期成功的管理途径。

全面环境管理的基本特点是把过去的以事后治理环境问题为主转化为以预防和改进为主，把过去的以事论事、分散管理转化为以系统的观点进行全面的环境问题综合治理，把管理环境污染行为转化为管理环境因素，把组织的活动、产品或服务中能与环境发生相互作用的要素提出来，抓住重要环境因素和重要的环境影响，发动全员和全部门参与，依靠科学管理的理论、程序、方法和方案，使产品的开发、设计、生产、服务、回收再利用的生命周期的全过程处于受控状态，达到保护环境，预防污染，同时又发展生产，创造经济效益和社会效益的目的。

5.三个满意，两个效益

实践是检验真理的唯一标准，快乐管理需要经受事实的考验。目标则比一切都重要，目标错误比过程错误后果更严重。"三个满意，两个效益"是我们快乐管理的目标，也是一切行动的"度量衡"（见图2-6）。

（1）三个满意。快乐管理的结果是达到三个满意：让顾客满意，使游客量不断上升；让管理者满意，使企业始终保持在良好的运营之中；让投资者满意，保持良好的投资回报率不断增长。

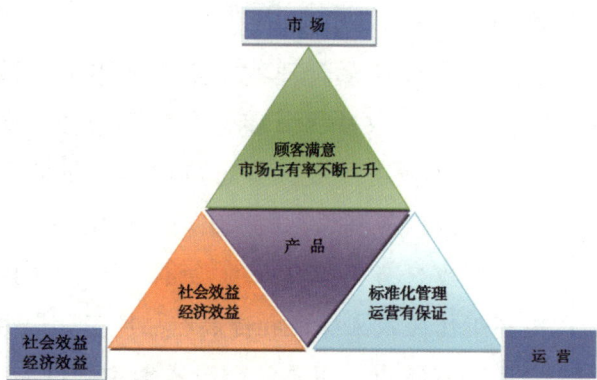

图2-6 三个满意与两个效益图

（2）两个效益。快乐管理的完全实施，其结果是不断地创造社会效益和经济效益的良好回报，形成含金量不断升值的企业品牌。

6.快乐管理企业文化的三个层次

快乐管理企业文化的三个层次是：表层文化、中层文化和深层文化（见图2-7）。

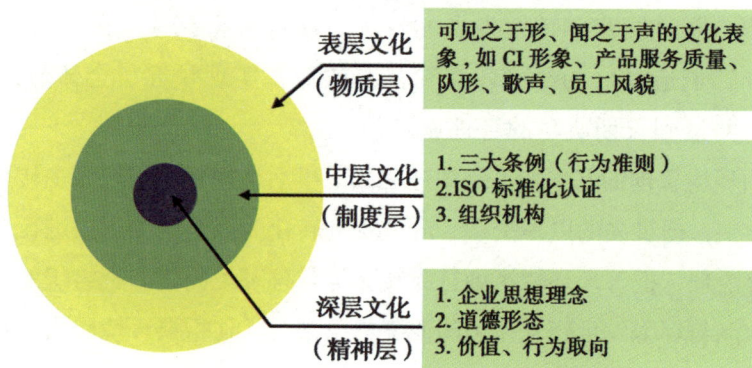

图2-7 快乐管理企业文化的三个层次图

表层文化又称为物质层，是可见之于形、闻之于声的文化形象。表现为企业精神面貌、旗帜、歌声、队形、服饰、标牌、标语及系统的CI形象。

中层文化又称为制度层，是企业的制度、组织机构等，如全员军事化管理所形成的三大条例、企业所认证的ISO国际标准及国家有关部门颁发的各种证书。

深层文化又称为精神层，是企业及员工心灵深处的共有意识。如企业的宗旨、方针、理念及所遵守的道德规范、价值取向、行为准则。深层文化是企业文化的核心层，是创造企业核心竞争力的源泉。

五、快乐管理流程体系

快乐管理不是虚幻的空中楼阁，需要货真价实地体现在部门的日常运营中，体现在各个部门的严密流程中（见图2-8）。流程一旦通过规章书面确定下来，必须严格执行，而制定优质流程是顺利执行的前提条件。

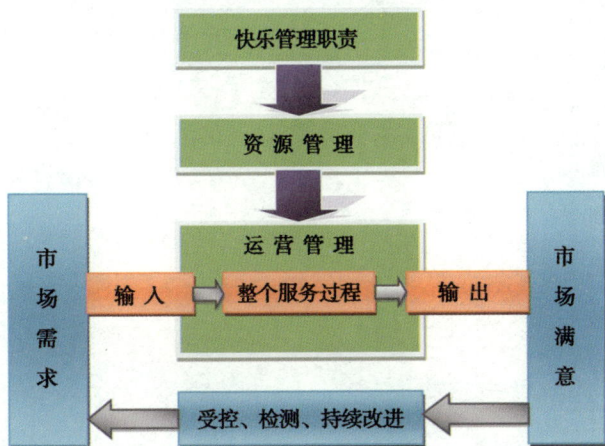

图2-8 快乐管理流程图

（1）管理职责——包括企业宗旨、方针、目标、职责与权限、执行全过程，同时包括市场需求、营销、策划、质量手册、质量控制、管理评审。

（2）资源管理——包括人力资源、物质、设施、环境资源、社会资源等。

（3）运营管理（执行力）——包括全员运营、顾客营销、整体流程、后期保障及服务、质量控制，以"三大条例"为基础的各项制度和流程。

（4）受控、检测、持续改进——包括顾客满意的全要素运营、受控过程、内部检测、数据分析、持续改进。

六、快乐管理的团队原则

员工组成的快乐团队是快乐管理的主体之一。只有员工快乐，其服务的游客才会快乐。没有无限制的自由，没有不需要付出的快乐。只有统一团队纪律和原则，员工才可以践行快乐管理。

1. 快乐团队的宗旨

秉持圆融文化理念（圆融中华传统文化）。

打造旅游航母品牌。

推动旅游产业进步。

引领快乐管理潮流（引领管理文化潮流）。

2. 快乐团队的三大纪律

（1）大公无私（忠诚）。

（2）团结合作（服从）。

（3）顾客第一（执行）。

3. 快乐团队的八项注意

（1）熟悉岗位职责（责任）。

（2）明确工作目标（能力）。

（3）遵循业务流程（协调）。

（4）严守工作纪律（尽职）。

（5）护持团队和谐（圆融）。

（6）维护企业荣誉（自尊）。

（7）牢记服务至上（诚信）。

（8）不断学习进步（创新）。

4. 快乐团队的十大价值标准

价值标准是建立强大的执行团队的重要基础。这支团队要有一个稳定高效的工作节奏，其成员必须将个人价值标准统一在团队价值标准之中，形成攻无不克、战无不胜的铁军。

（1）责任——就是要履行职责，不折不扣地完成各项任务。

（2）荣誉——以集体的荣誉为自己的荣誉，只为集体添光彩，不为集体增耻辱。

（3）正直——合法、公正地做正确的事。

（4）勇敢——就是面对困难、危险或逆境（包括物质、精神的诱惑）时，不动心不动摇，敢于向邪恶势力和歪风邪气作斗争。

（5）忠诚——就是对国家宪法和企业纪律，恪守信仰、忠贞不渝。

（6）信誉——严格遵守道德标准，以诚信待客交友，以企业荣誉为第一信誉。

（7）协作——顾全大局，舍"小我"融入"大我"，上下贯穿，左右平衡。

（8）尊重——用真诚、平等、博爱之心待人处事。

（9）奉献——把集体利益置于个人利益之上，慈悲为怀，大度做人。

（10）纪律——令如山，纪如铁。全员上下"令行禁止，快速反应"。

5.快乐团队的生活观

干干净净做人，勤勤恳恳做事。

扎扎实实学习，开开心心生活。

（1）干干净净做人。古语说："无欲则刚"，这个"欲"就是"私心"，就是"执著"。"刚"就是正直，没有私心杂念，一心为公。不论在工作上，还是在生活上，只要无我即"公"，则邪气不侵，光明磊落，"一身正气满乾坤"。干干净净做人是"德"，是心地的干净。反映在工作上，对公司、对领导要忠诚。只有尽忠、诚心，才能感动"天地"。人心所向，号召才有力，身体力行为德。所以，人若要保持一生的洁净，只有不断地学习、创新，不断地开拓、进取，不断地满足需求，不断地自律，才能自净其义（进步），心中无私天地宽。

（2）勤勤恳恳做事。不论大事小事，属于自己的事，就应该认真努力地做好。"用百分之百的热情，解决百分之一的问题"，强调的是敬业的精神和对工作的态度。勤是勤奋，勤是自动自发的，勤是每天多做一点点。对干部来说，勤勤恳恳做事，就是执行力的表现。

（3）扎扎实实学习。不断地"否定—创新—再否定—再创新"，只有扎扎实实、实实在在地深入检讨自身不良的习气和行为，改变影响发展的因素，破除束缚，才能迈开脚步，不断创新前进。扎扎实实学习，就是要认真地深入一线了解实情，解决问题，"实事求是"才能发展，才能创新。只有打好基础，解决好实际工作中的每一件"小事"，才能完成每一件"大事"。

（4）开开心心生活。在实际工作中取得了成绩，有了收获，有了进步，也才能享受生活，感受快乐。快乐的生活在奉献中感受，快乐的生活是一生的追求，"你快乐、我开心"是我们服务的目的。

只有干干净净地做人了，人心也才能踏实；只有勤勤恳恳地做事了，身体也才有收获；只有扎扎实实地学习了，能力也才具备了创新、进步的条件；自然，我们也就可以享受生活，开心生活了。从做人（学习的过程）到做事（执行的过程），从学习（创新的过程）到生活（快乐的过程），实际上就是我们工作八字方针的完美体现。

第三节 拒绝平庸——高起点规划、高水准建设、高效能管理

呀诺达被媒体称为海南建省20年、中部旅游崛起的代表作，是一个对海南旅游发展做出十大贡献的雨林文化旅游区。

2008年12月，在海南省全省经济工作会议上，呀诺达雨林文化旅游区被认为是"省委、省政府要突出抓好一批关系全局、影响深远的重点项目"之一。

2009年2月10日，海南省委副书记、省长罗保铭这样描述，呀诺达特有的热带雨林资源，与三亚的大海、阳光、沙滩等旅游资源之间形成了良好互补，有力地推动了"山海互动、蓝绿相融"旅游格局的形成，是关系到海南国际旅游岛建设全局、影响深远的重点项目。

……

呀诺达自2008年春节悄然面世，便像一夜之间就发出了夺目光芒的翡翠一样，声名鹊起，在海南引起了社会各界的广泛关注和好评，并且成为当地旅游业界的热门话题。许多人惊讶于呀诺达所带来的冲击，大批的团队游客蜂拥而至，年轻的"背包客"们也纷纷相约，前来一探究竟。景区在开业不

到三年的短短时间里，就荣膺"AAAA景区"，通过国际ISO9001质量管理体系和ISO14001环境管理体系双体系认证。2010年，景区接待游客更是一跃突破90万人次大关，成为海南岛内最成功的雨林景区。

呀诺达管理团队凭着"创新、承诺、实践"的Yanoda精神，孵化多年的准备工作，抓住时机，以艰苦创业的实践，把呀诺达锻造成一个大放异彩的文化旅游主题园区。很多游客和业内人员都很想了解，作为一个成功的"典型案例"，呀诺达对建设和管理过程的要求是怎样的？其实秘诀仅寥寥数言——"高起点规划、高水准建设、高效能管理"。

"高起点规划、高水准建设、高效能管理"是海南省委、省政府对全省经济发展的要求，也是呀诺达对自身建设和管理过程的要求。海南省委书记卫留成曾说过，一个项目的建设绝不是一日之功，有的需要准备、孵化好多年，只有准备工作做扎实了，条件成熟时才能抓住时机，顺利实施。

一、高起点规划

什么是高起点的项目规划？就是要规划"能最大发挥凸现岛内的资源优势；能最大做到生态保护和可持续发展；能最大化切合市场规律；能最大化促进当地的社会经济发展"的项目。

此前，呀诺达的管理团队在张晖总裁的带领下，已经践行了呀诺达文化旅游区等"高起点规划、高水准建设、高效能管理"的景观项目；同时，海南的旅游市场发生了巨大的变化，三亚湾、亚龙湾、海棠湾、清水湾等一批带有强烈的蓝色滨海特色的旅游房地产项目在市场上开始显现强势。相比之下，海南中部地区的经济发展表现出滞后的差异，而国家级及省级的贫困乡镇在中部地区最为集中，发展中部地区的呼声越来越高。

一方面是东海岸强势发展的以海洋为基础的"蓝色"；一方面是发展滞后的，同样拥有岛内资源的中部"绿色"。如何将两者"对接"，完成"绿色"与"蓝色"的互补？

我们从"最大发挥凸现岛内资源优势"的角度去看待这个项目——"绿色是海南资源的精髓"。呀诺达是中国唯一地处北纬18度的热带雨林，是海南岛五大热带雨林精品的浓缩，堪称拥有"中国钻石级雨林资源"。

从"最大化做到生态保护和可持续发展"上考察——仅从栈道建设中就能看出这一点。在栈道铺设过程中几乎没有动过一棵树，本着"道让树"的原则，即便是一棵小树，我们也留出它的生长空间。

从"能最大化切合市场规律"方面来看这个项目——在三亚蓝色项目得以领先发展时，市场对绿色项目的需求日渐强烈。从海南全省旅游规划版图上看，这个项目直接给三亚提供了一个绿色后花园。特别是在海南全省正在推进国际旅游岛建设之时，定位市场为"国际旅游社区"，这个社区就是向全社会提供带有强烈绿色符号的旅游产品。

从"最大化促进当地社会经济的发展"方面去衡量——我们的项目在试运行时，就被官方媒体称作"海南中部旅游发展崛起的代表作"。对于位居海南中部边缘的保亭县来说，这个项目是蓝绿相融的一个实践和突破。在三亚最新修编的旅游总体规划中，"呀诺达"位于大三亚旅游规划中的生态景观轴上，使保亭县委提出的"蓝色三亚、绿色保亭"成为可能。

由呀诺达首先构思倡导、三道湾旅业公司与保亭县委县政府合作策划实施的什进村国际旅游小镇，利用地缘优势，产生辐射效应，带动周边发展。大区小镇模式唤起农民参与旅游开发，并让农民共享开发成果，成为社会主义新农村建设和推进城乡一体化建设的样板。

二、高水准建设

景区长期以来秉承"先保护再开发，边开发边保护"的建设理念，坚持天人合一、三位一体的生态建设理念：生物多样性保护、生物考察和生态旅游三者融为一体；坚持三个充分：充分保护自然、充分利用资源、充分体现特色；坚持三个结合：主题公园与自然风光相结合、休闲度假与生态旅游相结合、传统文化与现代旅游功能相结合。

和其他景区有所不同的是，呀诺达先做景区环境影响评价报告，而后做旅游总体规划。在景区的开发建设中，为了既能让游客深入体验热带雨林神奇景观，又不破坏热带雨林原始地表，景区投入3000多万元，兴建长达15公里的生态木栈道，使游客能轻松地亲近雨林，体验到神奇、神秘、神圣的自然原始热带雨林奇观。

为改善油烟和污水排放，景区投入7500万元，新建面积达13800平方米的游客中心（见图2-9），集售票、餐饮、购物、游客接待咨询、司导休息室、办公等众多功能为一体，完善餐饮油烟排放系统，净化及回用景区运营所产生的污水。景区所采用的旅游交通工具均为符合欧Ⅲ排放标准的雨林巴士及电瓶车（见图2-10），大大降低了景区内交通工具造成的废气排放，为游客提供便捷、清洁、环保的景区内旅游交通服务。

呀诺达雨林文化旅游区通过使用电子导游器降低了传统纸质导览的损耗。同时景区设置了净化直饮水装置，使游客亲自体验低碳环保的循环科技魅力。景区还加大太阳能、风能等清洁能源的使用，观海平台太阳能夜景灯系统也接近完成。

在保护环境的大前提下，景区内部设施的建设注重满足不同层次游客的需要，合理协调配备设施，让游客在欣赏独特雨林景致的同时享受周到便利的设施服务。景区追求人文景观风格与自然环境的协调统一，注重热带气候条件下人居

图2-9　呀诺达游客中心

环境的舒适性。

景区内的建筑融合东南亚建筑和当地黎族、苗族建筑风格，融入雨林文化，形成了自成一体的热带雨林风格。区内坡地、水塘、树木……处处营造着与雨林环境完美融合

图2-10　行进中的电瓶车

的园林特色。最富特色的大门区建筑造型美观，以庭园式围合设置空间。建筑群延展宏阔，站在门区前的广场，仿佛整个雨林伸出宽广的怀抱来欢迎来自五湖四海的游客。

在建筑结构和选材上，呀诺达管理团队和建设团队也是千挑万选，在生态环保的同时为游客提供舒适的人居环境。景区建筑多为悬山式仿木架结构，木材采用适应热带气候的进口菠萝格木料；空间通透，配置大面积木框平开窗，在形成良好空气对流的同时营造古色古香的建筑特色。在房瓦选材上，第一家在海南选用进口金属瓦，有效减轻建筑负重。瓦面的颗粒状火山岩矿物，色调为淡雅的灰色，在郁郁葱葱的雨林环抱中尽显低调，即使在热带雨季，也能分散雨滴，消除雨声，为游客提供安静悠然的休憩空间。

开发建设工作，无处不充满着愚公移山精神。想想看，开发建设不是在一片空地上拔地而起，而是在荒辽的深山野谷中进行"先保护再开发、边开发边保护"的生态景观系统工程！

三、高效能管理

在高效能管理方面，呀诺达根据国内外旅游业发展的态势和自身的特点，

坚持实行准军事化的管理模式，塑造"令行禁止，快速反应"的工作作风。

经过三年多的经营与建设，景区顺利取得国际ISO9001质量管理体系和ISO14001环境管理体系认证，通过国家旅游局AAAA景区的评定，获得海南省用户满意品牌，成为海南省最重要的贵宾接待基地之一。通过贯彻实施ISO14001和ISO9001双体系标准，景区不断提升服务质量和环境保护力度，在各项工作中倡导节能减排，严格控制水电和资源能源浪费，加强员工环保意识培训，并倡导文明生态环保的旅游行为，在游客游览过程中宣传贯彻环境保护思想。

呀诺达始终以游客为关注焦点，理解游客当前和未来的期望，竭尽全力满足他们的要求，使超越游客需求成为一切工作的出发点和落脚点。呀诺达不间断地对员工进行服务礼仪和服务流程培训，推出独特的呀诺达服务礼仪，持续提升服务质量，确保让游客"乘兴而来，感动而归"服务目标的实现，赢得了游客的一致好评，不少游客多次来到景区体验；同时，景区得到了旅游界专家和同仁的认可。公司还制定了"经济行为不超过文化原则"的准则，以亲情服务回报游客。

高效能管理就是在准军事化管理模式基础上，以ISO9001和ISO14001管理体系为标准，以游客满意系统为灵魂的三位一体管理模式。

十年前，当张晖总裁带领众人进驻三道湾，在遮天蔽日的雨林中徒步考察时，人们怎么也无法把贫穷偏僻的荒山野林和今日的呀诺达景区联想到一起。今天，呀诺达已经得到社会的高度认可和重视，海南"国际旅游岛"建设也迈上了快车道，呀诺达的发展也跨上了新的、更高的平台。

张晖总裁曾说，景区开发，开一个成一个、精一个，若干年后就具备了进入遗产名录的可能。"今日的精品，明日的文物"是在南山开发伊始，时任海南省省委书记的阮崇武对景区开发提出的期望，这恰恰和张晖总裁及呀诺达管理团队秉承的理念相契合，呀诺达也一直用实际行动来践行着这句话——"今日的精品，明日的文物"。

第三章 呀诺达产品开发

2008年2月2日，海南呀诺达雨林文化旅游区试营业，近两年来，游客量冲破100万人次；尚在试营业时期就被评为"游客喜爱的海南岛特色品牌景区"，荣登"海南旅游金牌榜"，之后，又陆续获得了游客喜欢的海南岛特色品牌景区和海南省用户满意品牌，现在日游客量达到4000人次以上。呀诺达景区（见图3-1）何以如此受游客欢迎，呀诺达的产品到底有何魔力？让我们一起来揭晓呀诺达产品成功开发的秘诀。

图3-1 呀诺达景区大门广场

第一节 理念——"四大"、"三高"、"文化"、"精品"

呀诺达坚持产品开发理念先行，以"四大"、"三高"、"文化"、"精品"的理念为指导。"四大"是指大生态、大文化、大教育、大旅游，这是呀诺达产品开发的总体理念；"三高"是指高水平规划、高标准建设和高效能管理，这是呀诺达产品开发的操作理念；"文化"是指经济行为不超过文化原则，这是呀诺达产品开发的基本原则；"精品"是指今日的精品要打造成明日的文物，这是呀诺达产品开发的具体要求。

一、大生态、大文化、大教育、大旅游

张晖总裁早在南山时，就提出了"大生态、大文化、大教育、大旅游"这四大理念，对项目的建设和开发进行了崭新的诠释，并将这四大理念延续到了呀诺达的规划和开发中。

1. 大生态

"大生态"是"四大理念"之首，旨在通过自身的表率作用向游客倡导一种新的消费模式，即在消费伦理、价值取向、行为准则、道德规范上以保护生态环境、崇尚人类与自然和谐共生为要旨，通过共同努力，再造一个环境优美、生态和谐的绿色家园。

呀诺达从景区规划、开发建设到经营管理，始终坚持"先保护再开发，边开发边保护"的原则，并坚持贯彻天人合一的"三个"生态开发理念：坚持三位一体：生物多样性保护、生物考察和生态旅游三者融为一体；坚持三个充分：充分保护自然、充分利用资源、充分体现特色；坚持三个结合：主题公园与自然风光相结合、休闲度假与生态旅游相结合、传统文化与现代旅游功能相结合。基于以上原则和理念，在开发的过程中，景区内生态保护区和生态观光游览区内原有的植被、山体、河流等的原生态特性原封不动，只

是对展示原生态热带雨林旅游产品而必备的辅助服务设施、服务体系进行开发建设。观光区除了综合服务区少量的必需建筑、道路外，景区内基本以生态恢复与生态保护为主；生态考察区，只有简易的登山道(架空栈道)及少量休息亭，注重景区生态保护及原有峡谷的自然景观保护。

2. 大文化

旅游是文化和产业的高度融合，旅游景区则成为中华传统优势文化展示的窗口。在品牌建设中，呀诺达始终奉行"文化精品"原则，高度重视旅游的文化利用、整合、开发和创造，以文化内涵的拓展作为开发旅游产业的基本出发点，立足于旅游文化架构的建设与积累。如景区充分以天然形胜和热带雨林景观为主体基础景观，融汇"热带雨林文化、黎峒文化、南药文化、生肖文化"等优秀文化理念于一体，计划投资39亿元人民币，分期开发雨林谷、梦幻谷、三道谷、蓝月谷、志妈谷，配套建设药师文化中心、黎锦博览园、生肖广场、啪鲁迪野外拓训、哇哎噜蜜月山庄、呀呀呀热带果乡、雨林风情小镇、"梦回呀诺达"大型演艺区以及相配套的高级私密度假别墅和大众化消费水平的3B酒店、客栈、露营地、度假村等项目。

3. 大教育

大教育既包括生态教育，也包括文化教育。随着时代的进步，旅游者对生态的诉求、对灵魂净化的诉求愈来愈强烈。现代生态的和谐、文化的熏陶，使人们在游历山水之时受到潜移默化的教育，丰富了人们的精神世界，也激励着人们不断追求进步。呀诺达周边生态恢复保护区的原始森林和次生林有1400多种乔木、140多种南药、80多种热带观赏花卉和几十种热带瓜果，浓缩了植物绞杀（见图3-2）、空中花园（见图3-3）、藤本攀附（见图3-4）、老茎生果（见图3-5）、高板根（见图3-6）、根抱石（见图3-7）等雨林六大奇观。面对如此丰富的热带雨林资源，呀诺达雨林文化旅游区秉持"大教育"的理念，通过精心的策划、精心的设计、精心的打造，还原了最原始、最清晰的自然天地。在这里，丰富的生物、雨林的氤氲，人类与万物和谐相处的自然天成，激发人们回归自然、敬畏自然、爱护自然、天人合一的梦幻奇想；在这里，你会深切地感受到自己的灵魂得以净化，自己的思想得以升华。

图3-2　雨林奇观——植物绞杀

图3-5　雨林奇观——老茎生果

图3-3　雨林奇观——空中花园

图3-6　雨林奇观——高板根

图3-4　雨林奇观——藤本攀附

图3-7　雨林奇观——根抱石

4.大旅游

呀诺达倡导的"大旅游"理念，则是致力于创造一个精品的文化旅游景区，使中国传统文化之精髓汇集展现于此，并成为世界游人关注的焦点之一。旅游不仅仅是走马观花的游山玩水，旅游更应该是一种品味、一种体验，品味大自然的鬼斧神工，体验中国传统文化及当地本土文化的精髓，从而使人的灵魂得以洗礼、人的思想得到升华、人的境界得到提高。

二、今日的精品，明日的文物

呀诺达在产品的规划、开发、建设中始终坚持"精品意识"，呀诺达的建设者坚持"每上一个项目，就是一个精品"的建设理念，提出"今天的精品，明天的文物"。为了做到精益求精，景区的规划一次次修改补充，一次比一次更趋完美。呀诺达雨林文化旅游区总体规划由美国EDSA景观设计公司、北京易兰景观公司、海南雅克城市规划设计有限公司共同规划设计。 呀诺达本着建设精品热带雨林文化旅游区的理念，坚持做到高起点规划、高水准建设、高效能管理和高质量服务，力求已经竣工的建设项目体现出高标准、高质量、高格调的"精品意识"。景区严格按照规划邀请具有甲级资质的设计院和施工单位设计、施工，目前已完成近5亿元的投入，每一处建设在尊重自然环境的前提下，坚持高标准，甚至栈道、树名标识牌这样的细节，也力求尽善尽美。呀诺达的栈道大多由进口木材铺成，上下两级的高度仅4~5厘米，这些栈道在雨林里既耐腐，游客踏上去又感到舒适；树名标识牌做成树叶状，选用的色调大多是暗色，与雨林色调很协调。目前，呀诺达雨林文化旅游区已完成了雨林谷、梦幻谷、游客中心等一期景点的建设。为了进一步指导整个旅游区的开发建设，2011年4月初，呀诺达邀请国内知名的生态专家、旅游专家、地理专家考察景区，召开景区发展专家研讨会，并对《呀诺达雨林文化旅游区总体规划》进行修编。此次修编的目的包括：进一步提升呀诺达文化品牌；创新景区发展思路；制定更严格的生态保护规划，在此基础上重新修订一个与海南国际旅游岛建设相适应的呀诺达发展战略总体规划。期望把呀诺达的每一个项目、每一个产品都打造成海南国际旅游岛的精品项目，让今日的每一个雨林精品都能变成明日海南岛的珍贵文物。

三、高水平规划、高标准建设、高效能管理

"高起点规划、高水准建设、高效能管理"是海南省省委、省政府确保全省经济发展的要求，也是呀诺达产品开发要遵守的重要原则。一个项目的建设绝不是一日之功，有的需要准备、孵化好多年，只有准备工作做扎实了，条件成熟时才能抓住时机，顺利实施。这是一般规律。

高水平规划就是指规划要最大发挥凸现景区的资源优势；最大化做到可持续发展；最大化切合市场规律；最大化促进当地的社会经济发展。从"最大发挥凸现岛内资源优势"的角度去看，"绿色是海南资源的精髓"，呀诺达充分抓住了这一精髓。从"最大化做到生态保护和可持续发展"上考察，从呀诺达的栈道建设上足以看出这一点，本着"道让树"的原则，即便是一棵小树，在修栈道时也留出它的生长空间。从"能最大化切合市场规律"方面来看这个项目——在三亚蓝色项目得以领先发展时，市场对绿色项目的需求日渐强烈。从海南全省旅游规划版图上看，呀诺达直接给三亚提供了一个绿色后花园。再从"最大化促进当地社会经济的发展"方面去衡量，呀诺达致力于打造成"海南省中部旅游发展崛起的代表作"。

四、经济行为不超过文化原则

早在南山的时候，呀诺达的管理层就提出了"经济行为不超过文化原则"的准则，经济行为不超过文化原则是指所有的经济行为都要为文化保护让路，经济利益都要服从文化利益，当旅游业的发展与文化保护发生冲突时，旅游业应该服从文化，短期的伤害文化的经济行为应该得到制止；在景区开发的过程中要保持文化的真实性，坚决不搞那些急功近利的商业化操作，一切按规矩办事，以保证景区建设的高品位。

第二节 选址——北纬18度，天时地利人和

当你打开地图，你会发现，呀诺达正好位于北纬18度，一个地球上最适于旅游度假的区域，也正好位于"三亚旅游圈"中由海滨度假带向海南岛中部旅游板块延伸的结合部位，在这里，山与海实现了完美互动，蓝与绿交融互补。而且，在景区规划范围内正好没有原住民，也没有基本农田，难道这一切都是巧合吗？不，这是呀诺达管理层尽心考察、精心选址的结果。

——引子

一、北纬18度

北纬18度，是地球上最神奇的地理区域之一，北纬18度是一个蕴涵了繁荣意义的数字，之所以说它神奇，之所以说它蕴涵着深意，是因为这个区域是地球上最适于旅游度假的地方。当你面对世界地图沿着北纬18度一路看来，你会惊奇地发现，风情独特的墨西哥坎昆在北纬18度，流传了无数传奇的加尔各答在北纬18度，美国迈阿密在北纬18度，"英雄之城"圣地亚哥在北纬18度，"人间珍海"海地太子港在北纬18度，有着"海滩度假天堂"之称的泰国芭提雅也在北纬18度，举世闻名的度假胜地夏威夷在北纬18度，著名的阳光之城阿联酋迪拜也在北纬18度，全球著名的旅游胜地几乎都分布在北纬18度附近。

1. 墨西哥坎昆

坎昆是世界最著名的旅游胜地之一，位于尤卡坦半岛的金塔纳罗奥州，属亚热带气候，尽管夏季温度可高达35℃，但年均温度在27℃，全年大都是阳光明媚的日子。沐浴着加勒比海海水，坎昆以其白色沙的海滩向您展示无与伦比的美。

在此，您可以进行各类水上运动：潜水、用通气管潜水、追浪散步或跳伞。您可以在其30公里长的动人饭店区进行太阳浴，享受着舒适齐全的服务；从别墅和五星级饭店到豪华奢侈的疗养胜地，从现代商业中心到500多家餐馆，您可以享用到国内外最好的餐饮；众多的酒吧和迪斯科舞厅使您的聚会娱乐延至深夜。

在坎昆附近，您可以游览拉里维拉玛雅，去发现卡尔门海滩、斯卡雷特和西尔哈以及面对大海、唯一有围墙的玛雅文化城市和引人入胜的考古区图伦，昔日的玛雅港口今日变成了真正的生态旅游天堂。在坎昆附近的海中，您还可以参观女人岛和科苏梅尔这两个进行潜水和用通气管潜水的理想地方，在几百种彩色鱼栖息的珊瑚礁中潜水的滋味儿令人难忘。

2. 太平洋十字路口——夏威夷

马克·吐温说：夏威夷是大洋中最美的岛屿，是停泊在海洋中最可爱的岛屿舰队。

夏威夷，是夏威夷群岛中最大的岛屿，地处热带，气候却温和宜人，是世界上旅游业最发达的地方之一，拥有得天独厚的美丽环境，风光明媚，海滩迷人。

夏威夷群岛是由124个小岛和8个大岛组成的新月形岛链，弯弯地镶嵌在太平洋中部水域，所以有"太平洋十字路口"和"美国通往亚太的门户"之称。夏威夷的闻名之地有：檀香山、威尔基海滩和珍珠港。

夏威夷吸引观光游客的，并非名胜古迹，而是它得天独厚的美丽环境，以及夏威夷人传统的热情、友善、诚挚。夏威夷风光明媚，海滩迷人，日月星云变幻出五彩风光：晴空下，美丽的威尔基海滩，阳伞如花；晚霞中，岸边蕉林椰树为情侣们轻吟低唱；月光下，波利尼西亚人在草席上载歌载舞。夏威夷的花之音、海之韵，为游客们奏出一支优美的浪漫曲。

3. 海滩度假天堂——芭提雅

芭提雅是东南亚近年来热度极高的海滩度假胜地，它位于泰国首都曼谷东南154公里，从曼谷出发，沿苏库威高速公路，两小时就可到达芭提雅。每年有200~300次、上百人参加的国际会议在此召开；每年接待游客100多万人次，收入外汇折合70多亿泰铢，是泰国旅游业的重要支柱之一。

长达40公里的芭提雅海滩阳光明媚，天蓝水绿，是良好的海滨游泳场。海上滑水、冲浪等水上娱乐活动新奇刺激，在海滩南端的可兰岛，还可乘坐透明长尾船欣赏海底五光十色的珊瑚奇景和热带鱼。离芭提雅海岸约10公里有个美丽的小岛——珊瑚岛，月牙般的沙滩拥抱着蔚蓝透彻的海水，沙滩沙粒洁白松软，特别清洁美丽，海域水质洁净，可透视水深达数米之下的海底生物世界。沙滩上排满了沙滩椅和色彩艳丽的太阳伞，给人一种舒适宁静的享受。岛上沿沙滩建有餐馆和有民族特色的旅游商店。

从地理角度说，北纬18度享受着海洋气候的滋润，同时接受地球板块运动的改造，形成了极多风景优美的度假胜地，成为世界的神奇之地，是大自然赋予人类的珍宝，也为懂得享受的人们演绎了一段段自然的传奇。而呀诺达雨林文化旅游区正是位于中国北纬18度的一朵绿色奇葩，也是中国唯一地处北纬18度的真正热带雨林，也正是因为位于北纬18度，才使呀诺达拥有了如此优越的自然资源，成为了海南岛五大热带雨林精品的浓缩，让它拥有了"全国最具观赏价值的热带雨林资源博览馆"、"中国钻石级雨林景区"的荣誉称号。

二、天时：山海互动、蓝绿互补的呼唤

如果把分布在美洲、亚洲、非洲三大块上的热带雨林，比喻为环绕地球赤道周边的翡翠项链，那么海南的热带雨林，则是这条翡翠项链上的最闪耀的宝石。呀诺达雨林文化旅游区，是这些闪耀宝石中璀璨的一颗，它是海南五大热带雨林精品的浓缩，是目前海南保护、开发、利用热带雨林，最具观赏价值的热带雨林博览馆。

热带雨林，对于人类来说，是一部尚未读懂的"天书"，是一个丰富多彩、人迹罕至的"绿色王国"，热带雨林，就是她那雨淋淋、绿幽幽的名称，仿佛是一个原始而神秘的浓绿的精灵，足以吸引人们探寻的目光和心底的向往。地球上所有现存生物中，有近半数的种类，生活于仅占大陆表面3%的温暖、潮湿的热带雨林之中。目前在我国，热带雨林仅存于云南西双版纳和海南岛，是印度至马来西亚雨林群系的一部分，也是世界热带雨林分

布的北缘，因而在纬度分布上有其独特的代表性。

海南全省的森林覆盖率达54.5％，其中热带雨林就占全省面积的17.3％。由五指山森林区、霸王岭森林区、尖峰岭森林区、吊罗山森林区和黎母山森林区组成的五大热带雨林、季雨林原始森林区，蕴涵着极为丰富的热带雨林生物资源。目前，海南全省已确定各类自然保护区73处，其中国家级5处，省级19处。现有陆栖脊椎动物561种，其中两栖动物有102种，其中一类有15种，二类有87种。已发现各类木本植物259科、1347属、4200种，约占全国的1/7。其中630多种为海南独有，20多种为世界珍稀树木。全岛资源植物有2900多种，药用植物占2500多种，入药典500多种，其中抗癌植物13种，因此海南有着"天然药库"之称，海南是我国南药重要产地之一。

特别是地处海南中部山区核心区域的黎族、苗族少数民族，祖祖辈辈长期在一个封闭的、几乎与世隔绝的环境中生活、栖息、劳作，形成了独特的生活习俗和风土人情。他们既保留着本民族特有的文化，又创造出与热带雨林、深山峡谷相适应的文化，充分反映出人与自然、人与热带雨林那种和谐而又神秘的关系。

这些年来，海南在旅游开发上，偏重于沿海的"蓝色"开发；三亚，已经拥有了诸如南山文化旅游区等一批基本实现了"高起点规划、高水准建设、高效能管理"的景观项目；同时，三亚湾、亚龙湾、海棠湾、清水湾等一批带有强烈的蓝色滨海特色的旅游房地产项目在市场上开始显现强势。相比之下，海南省中部地区的经济发展表现出滞后的差异，而海南省的国家级及省级的贫困乡镇在中部地区最为集中，发展中部地区的呼声越来越高。

我们注意到：一方面是东海岸强势发展的以海洋为基础的"蓝色"；另一方面是发展滞后的，同样拥有岛内资源的中部"绿色"。如何将两者"对接"，完成绿色与蓝色的互补？从三亚大旅游圈发展态势来看，沿大东海、亚龙湾、海棠湾一线，是海滨旅游休闲度假区；沿三亚湾、小月湾一线，是海滨旅游景观展示区，这就形成了三亚大旅游圈的两翼。如果说东西两翼是凤凰展翅的巨大翅膀，那么从三亚向北延伸的中线，则是凤凰高飞的头颈。恰恰这一块是三亚大旅游圈发展的空白，而这一块最值得开发、最能成为海南新的旅游精品的，就是热带雨林景观。

通过长时间的踏察，呀诺达的管理层发现了保亭黎族苗族自治县三道镇这个地方，这里位于三亚市郊30公里处，是中国唯一地处北纬18度的热带雨林，是海南岛五大热带雨林精品的浓缩，堪称拥有"中国钻石级雨林资源"。通过精心的策划、精心的设计、精心的打造，呀诺达雨林文化旅游区在这里横空出世，填补了海南绿色旅游的不足，真正实现了山海互动、蓝绿互补。

三、地利：琼中节点

海南省的中部地区通常指海南岛的内陆地区，包括不临海的五指山市、保亭黎族苗族自治县、琼中黎族苗族自治县、白沙黎族自治县、屯昌县、定安县等六市县。中部六市县占全省面积的28%，有着占全省32%的少数民族人口。海南中部以山地为主，989万亩的热带天然林蕴藏着许多大自然的奇观。雄峻的山岭、千姿百态的奇洞怪石、独特的岛屿性动植物、茂密的热带雨林、波光粼粼的湖泊水库、奇特的流泉飞瀑、丰富的文化遗址和浓郁的民族风情，构成了充满神秘色彩和强烈吸引力的、独具魅力的生态旅游资源。

2004年9月，《海南日报》发表了《海南中部旅游：路在何方？》一文。文章提出了一个多少有些让人尴尬的问题：海南中部地区有得天独厚的旅游资源——六个国家级森林公园、大面积的热带原始雨林、民族民俗风情、山野温泉、摩崖石刻……但是，中部地区究竟要在什么时候才能走出"抱着金饭碗讨饭吃"的荒唐境地呢？

虽然海南中部也曾经有过旅游史上的瞬间辉煌，也曾经有过大投入、大布局的景观项目，但因种种原因，最终归于滑坡与衰落。十年来，海南中部旅游长时间"雷声大雨点小"，海南东部与南部极速发展的旅游，将中部旅游远远甩在后面——沿着东线高速公路两侧的东部及南部，已然成为海南旅游的黄金走廊。

位于海南省保亭黎族苗族自治县三道镇的呀诺达，距三亚市区仅30公里，距三亚凤凰国际机场52公里，突破了中部旅游发展遇到的交通瓶颈问题。呀诺达北连五指山、七仙岭和中部绿色腹地，特别是居高临下眺望远景，海棠湾岸线、蜈支洲岛、猴岛尽收眼底，形成了与众不同的区位优势，并以海南岛绿色生态旅游"标本式"的姿态，迅速融入大三亚旅游圈，成为连接南部与东部旅游"黄金走廊"和中部旅游的极佳契合点，有望破解困扰了海南多年的中部旅游滞后的怪圈。

四、人和：无原住民

呀诺达雨林文化旅游区，周边是123平方公里的生态恢复保护区，景区总规划面积为45平方公里。该景区位于保亭县内，属三道农场的辖区。海南省国营三道农场坐落于保亭县东南部，东邻南田农场，南毗三亚市国有林区，西接金江农场，北至南茂农场。三道农场是以橡胶生产为主导产业、多种经营的国有农场。海榆中线贯穿农场，对外交通十分便捷。规划中的土地利用现状主要包括林地、橡胶、水田、果园。其中林地、橡胶林占地比重最大，主要分布在丘陵地，其次为果园，有龙眼、芒果、荔枝等经济作物。临近海榆中线西侧有少量农田，但不属于基本农田。景区内没有自然保护区、文物保护区等敏感区及基本农田。

规划范围内分布有19个居民点，其中15个属于三道镇管辖，4个属于新政镇管辖；三道镇辖区内，有11个居民点为三道农场所辖，4个为自然农庄，新政镇4个居民点都为自然村。规划区内涉及到三个乡镇辖区的土地，分别为三道镇、新政镇及南林乡，其中三道镇占绝大部分。但是非常有利的是，在呀诺达的规划景观区内并没有原住民，这样就避免了因拆迁和搬迁带来的巨大的经济成本，以及由可能产生的矛盾与冲突带来的不良社会影响。

第三节 产品——观光、休闲、度假三代升级

从一开始呀诺达就定位于以热带雨林的天然形胜为基础，融汇"原始生态文化、黎苗文化和生肖文化"等优秀传统文化理念，具有国际水准、以热带雨林"原始绿色生态"为主格调的高档次、高品位、高质量的大型生态文化旅游主题度假园区，成为推动海南生态省建设和地方经济发展的海南文化

旅游产业的知名品牌。为了实现这个目标，呀诺达计划投资39亿元人民币，建设期将长达八年。第一代旅游产品以观光为主，主打热带雨林绿色风光，突出呀诺达的生态教育功能；第二代旅游产品以休闲为主，主打热带雨林文化体验，突出呀诺达的快乐功能；第三代旅游产品以度假为主，主打热带雨林野奢养生，突出呀诺达的养生功能。

一、第一代：观光——绿色和教育

"呀诺达"确实绿色，绿得让人心醉。踱进雨林中，阵阵凉意顿时袭来，侵进每一个细胞当中。绕山小径沿着山体而上，时而穿进岩洞，时而拐进雨林，时而攀上树梢。在这里，你会深切地感受到自己的灵魂得以净化，自己的思想得以升华，也正是因为你走进"呀诺达"，才真正理解这里为什么会成为离自己最近的神秘的、神奇的、神圣的绿色天堂。

——雨林游客

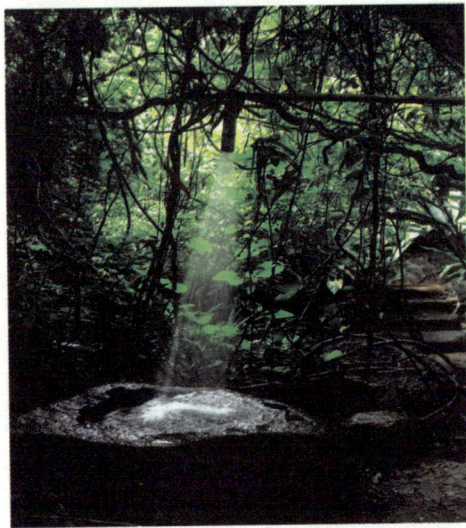

图3-8　雨林谷

1.雨林绿色精品

在"呀诺达"以雨林为核心的区域和周边生态恢复保护区内，生长着大片的原始森林和次生林，其中有1400多种乔木、140多种南药、80多种热带观赏花卉和几十种热带瓜果。依托如此丰富的热带雨林资源，呀诺达开发了三大雨林精品：雨林谷、梦幻谷和三道谷。其中，雨林谷、梦幻谷已经展现在了游客的面前，而三道谷依然蒙着一层神秘的面纱，静静地等待着亮相的那一刻。

（1）雨林谷。雨林谷（见图3-8、图3-9、图3-10）以展现原生态的热带雨林景观为核心，汇集参天巨榕、百年古

图3-9 雨林谷幸福天道

图3-10 雨林奇观——老树生果

图3-11 梦幻谷

藤、"活化石"黑桫椤、巨大的仙草灵芝、"冷血杀手"见血封喉、野生桄榔以及热带雨林的六大奇观等。雨林谷内郁郁葱葱，遮天蔽日，生态绝佳。雨林谷是得天独厚巨大的"天然氧吧"和负氧离子发生器，这里年平均温度24℃，踱步雨林中，能感受到阵阵清新凉意。雨林谷内由高品质木栈道、野趣石阶、吊桥组成长达3.5公里的游览通道，分为大、中、小三个环行线路，以满足各类人群的游览需求。

（2）梦幻谷。梦幻谷（见图3-11）是热带雨林中沟谷瀑布的极品代表，在纵深1.2公里、落差200米的热带雨林沟谷内，迎宾瀑布、天门瀑布、连恩瀑布三个水位、落差各不相同的瀑布从沟谷中穿越，水体景观瑰丽多彩，与巨树、怪石、溪流等构成一个令人血脉贲张的神秘梦幻地带。在梦幻谷栈道上观瀑布、听鸟叫蝉鸣，让游人探索自然，感受返璞归真的乐趣。

（3）三道谷。三道谷（见图3-12），全长约3公里，水深约30多米，河面宽30~40米，峡谷两岸的山峰海拔270~380米，整条峡谷由瀑布、奇石、巨树、龙潭、泻泉等形成10多个各具特色、相对独立、互为一体、层峦叠嶂的峡谷景观。那里有着奇特的地质构造和丰富的药材资源。峡谷里满垒着各式

图3-12 三道谷

各样的巨石，有圆有方；有褐色，有浅白色，有土黄色；有的状如神龟，有的状如奔鹿；有的如下山的猛虎，有的像跳跃的灵猴；有的如博弈的老者，有的似天真的孩童；有的犹如蟠桃宴上的仙桌，有的恰似天庭二郎神的脚印……让你遐思万千，品味无限。

2. 雨林精彩表演

在呀诺达，你不仅可以欣赏到"原始绿色生态"的热带雨林，还可以享受精彩绝伦的雨林表演和感受真实灿烂的黎苗文化。

（1）鹦鹉表演。三十多只珍稀鹦鹉是呀诺达森林剧场里的主角，金刚、葵花、亚历山大、大绯胸等身怀绝技的鹦鹉在陆空开展精彩纷呈、轻松谐趣而又自然和谐的特技表演，包括垃圾回收、垃圾分类、跳舞、举重、打保龄球，等等。最后，可爱的鹦鹉们还拉出了"保护野生动物、构建和谐社会"的横幅，不仅增添了游客在热带雨林里游玩的乐趣，也给游客上了一堂生动的"保护环境、爱护动物"的公益课。

地点：雨林谷森林剧场

时间：每天四场表演

11:30—12:00；13:00—13:30；14:30—15:00；16:00—16:30

（2）海南八音。海南八音器乐（见图3-13）是海南器乐的主要品种。它因采用八大类乐器演奏而得名。八大类乐器为：弦、琴、笛、管、箫、

图3-13 海南八音表演

锣、鼓、钹，大部分是来自民间的传统乐器，为民间艺人所创造，具有浓郁的海南特色。如花梨木制作的唢呐，椰子壳制作的椰胡，竹管制作的春封、调弦，竹制的箫、喉管，木制的子鼓、梆板等。海南俗称的八音既包括乐器、乐曲，也包括乐队。目前收录有历史上遗传下来的乐曲达500多首，它植根在群众之中，乡土气息浓郁，演员的平均年龄超过了60岁。2008年海南八音器乐被列入第二批国家级非物质文化遗产名录。

地点：雨林谷服务区

时间：每天三次表演

10:30—11:00；13:10—13:40；15:30—16:00

（3）黎族打柴舞。打柴舞是黎族最古老、最受欢迎也最具代表性的舞种之一，黎语称"转刹"，起源于古崖州黎族丧葬活动，系黎族古代人在死时用于护尸、赶走野兽、压惊及祭祖的一种丧葬舞。2006年黎族打柴舞被列入第一批国家级非物质文化遗产名录。

打柴舞有一套完整的舞具和跳法，舞具由两条垫木和数对小木棍组成。跳舞时将两条垫木相对隔开2米左右平行摆放于地面上，垫木上架数对小木棍。木棍两端分别由数人执握，两两相对，上下、左右、分合、交叉拍击，发出强烈有力的节奏。舞者跳入木棍中，来往跳跃、蹲伏，模仿人类劳动状况和各种动物的动作及声音。舞蹈节奏强烈有力，动作古朴粗犷，生动形象，艺术感染力强，因此具有很强的娱乐性和互动性。

地点：雨林谷服务区

时间：每天两次表演

12:00—12:30；14:20—14:50

3. 雨林特色露营

露营区(见图3-14)位于呀诺达景区雨林谷内，掩映在郁郁葱葱的原始雨林中。帐篷可搭建在木质平台和草坪上，所用帐篷具有优越的防雨、防风保护性，并配置高档防潮垫与床上用品。在露营区还配套有烧烤晚餐、酒吧派对、歌舞演出以及完善的公共洗浴间。近100顶两人、三人帐篷将让露营族体验浪漫雨林之夜的温情，感受人与自然的融合！

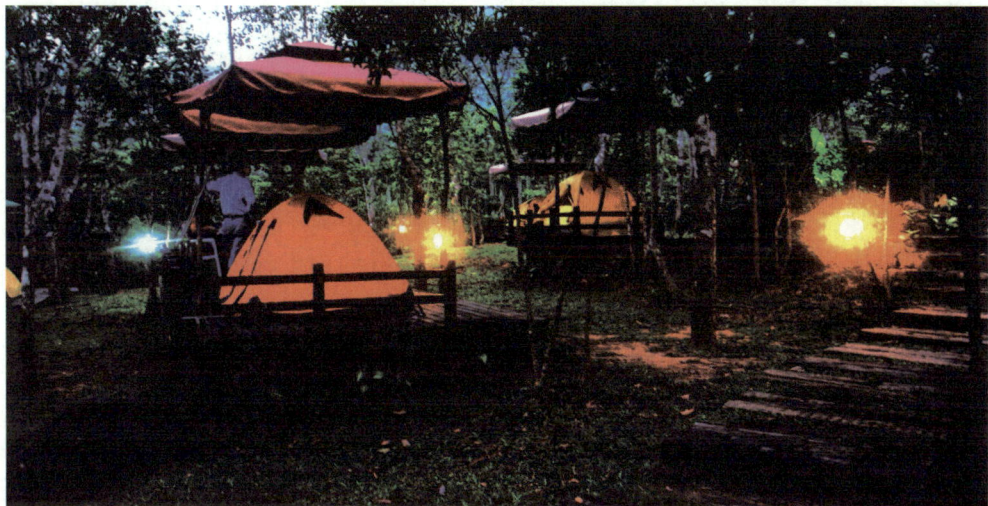

图3-14 雨林特色露营

二、第二代：休闲——体验和快乐

畅游雨林，看青山绿水，感受原汁原味的黎族文化，这趟旅行太值得了。

黎族是一个美丽的民族，她的文化有着神秘的魅力。我要把我看到的黎族文化拍下来，带回国介绍给家人和朋友。

——雨林游客

追求快乐，是人生的目的。一切生活、工作的付出能够在快乐中进行是人生精神意义上的享受。呀诺达就是要依托本土文化，打造黎苗文化、生肖文化、南药文化等文化精品，为游客提供丰富的文化体验，让游客在体验中得到快乐。

——呀诺达管理层

1. 呀诺达雨林文化精品

文化是呀诺达可持续发展的根本条件，呀诺达景区所在的海南中部山区的黎族、苗族少数民族，祖祖辈辈长期在一个封闭、几乎与世隔绝的环境中生活、栖息、劳作，形成了独特的生活习俗和风土人情。呀诺达将依托本地区的海南黎苗文化和呀诺达地区丰富的热带雨林景观和南药资源，打造四大雨林文化精品：黎苗文化精品、生肖文化精品、婚庆文化精品、热带文化精品。

（1）黎苗文化精品——达达瑟黎苗博览。黎锦苑是由当地居民自然起居空间形成的旅游村寨。这里有织锦博览、工艺品展示、风情表演场及其房舍。游客到此，可参观神秘、灿烂的黎锦展览，游览热带雨林峡谷、观赏黎峒风情表演、品尝黎家小吃，并可参观黎家特有的山兰酒制作工艺，还可以选购特色纪念品。

（2）生肖文化精品——生肖广场。"呀诺达"的建设者在创意设计之时，以《山海经》为蓝本，将远古神话和有关十二生肖的故事、传说等，浓缩成为园林小品、大型雕塑和碑刻放入其中，有直观的、拟人的、卡通的、夸张的，以不同的材质、不同的艺术形式，形成中国目前规模最大、品位最高、收集最全的远古图腾和生肖文化的博览系统。如规划建设的镂刻十二生肖肖形印的"生肖印谷"，以十二生肖之名的南药组成的生肖植物园，矗立山顶的由远古八神兽组成的"神兽天台"，由艺术大师和专家设计的巨型雕塑《九曜保长生》，让游客在雨林之中，感受神灵的护佑，感受对平安、幸福的祈盼。

（3）婚庆文化精品——哇哎噜蜜月山庄。呀诺达将利用原有河谷风光及隐秘性好的地形地貌，挖掘中国源远流长的婚恋文化，打造以爱神、婚姻为内核的婚庆主题景区——哇哎噜蜜月山庄。在蜜月山庄里，你可以同时体验到古今中外不同民族的婚庆文化，蜜月山庄将同时为游客提供古今中外多种婚庆服务，配套风格各异的蜜月爱巢，以满足不同层次的婚庆需要。

（4）热带文化精品——热带瓜果园。呀诺达利用区域内平缓山坡，建设热带瓜果种植观光项目，主要包括龙眼区、荔枝区、菠萝蜜区、芒果区、红毛丹区、杨桃区、番石榴区、山竹区、木瓜区等十几个区，保证游客一年四季都有新鲜的热带水果可以享用，让游客在观赏、采摘、品尝中感受到海南热带瓜果的无穷魅力，同时还可以增加本地农民的收入。景点以观赏和采摘热带瓜果为特色，形成大规模的热带果园。果园内设置游人步道，游客可游走于各类瓜果之间，领略瓜果的清香和累累硕果的诱惑。果园内分布着大小不一的帐篷，既可让游人驻足歇息，又可供游人夜间露宿。

2.呀诺达雨林快乐拓展

古人云：智者乐水，仁者乐山。呀诺达雨林集山水于一体，在这里，游客可以挑战自我，踏瀑戏水；也可以在山地运动公园拓展自我，培养团队精神；还可以在水上运动中心休闲玩耍，与大自然来个亲密接触。

（1）踏瀑戏水。"踏瀑戏水"（见图3-15）拓展活动设在呀诺达雨林纵深1.2公里、落差200米的梦幻谷中，急流、怪石、瀑布、巨树等构成了一个令人热血沸腾、几欲征服的神秘地带。穿上草鞋，戴着头盔您就可以出发了。溯溪而上，穿越急流险滩、深潭飞瀑，在与水石的亲密接触中，体验飞瀑戏水的刺激和乐趣，沿途还可欣赏梦幻谷美景。

整个踏瀑戏水拓展活动一共有八关，每一关都惊险刺激，趣味无穷。

图3-15 雨林踏瀑戏水

第一关：人猿泰山。

俗名"荡越深潭"，潭水较深，水面开阔，四周树木高大结实，沿着深潭围出一圈圈深深禅意。潭边一株大树上系着两根铁链，拉着绳索，荡到对岸去。

第二关：凌波微步。

俗名"稳跨浮桥"，第二关和第一关不一样，第一关主要是锻炼勇气、胆量，第二关是讲究平衡、互助，不能快，要稳稳当当，脚踏实地走，一走快就会失去平衡，掉进水里。

第三关：网底穿行。

在沟谷石头较多处路段，结了一张网，要从网下行走，且不要湿了衣服，网很低，只能像只小龟一样趴在网下的溪石上，小心翼翼地往前爬行。

第四关：蹒跚学步。

蹒跚学步，是在谷里潭水较深且水面宽阔的地方结网，游客在网上行走，要求不要摔倒，网上行走有一个诀窍，就是走得越快越稳。

第五关：步步高升。

所谓"步步高升"，其实是一个筒状天梯，游客在防护措施良好的天梯内，猫着腰低头前行，在比拼耐力和体力的同时还寓意着你的人生以后会"步步高升"。

第六关：穿越外婆桥。

看见那座桥了吗？没错，这就是传说中的外婆桥啦，相信大家对童年"摇啊摇、摇到外婆桥"的儿歌太熟悉了吧，呀诺达外婆桥让你找回童年尘封的记忆。

第七关：飞度平衡木。

平衡木运动正像它的名字那样，需要很强的平衡能力，呀诺达平衡木可比赛场上的难多了，因为它是悬空的；游客从脚踏上木头开始就要快速跑过去，只要你在跑动过程中不用双手扶两边的栏杆，你就赢了。

第八关：攀爬瀑布。

踏瀑戏水终极大挑战——攀爬瀑布，高达70米的莲恩瀑布气势磅礴、水势汹涌，煞是壮观，在专业教练的带领下，大伙儿手抓铁链，如一只只人猿，顶着飞溅的瀑布，向上攀行。

为了保证活动的安全和可参与性、可玩性，景区将特别配备专业教练及防护装备。古人云：近水者智，近山者仁。集山、水于一体的踏瀑戏水活动，能让人体味出多少仁与智的深远内涵！

踏瀑戏水路线安排：呀诺达大门景观区→穿戴防护装备→乘坐电瓶车→

梦幻谷服务区→穿越峡谷,溯溪而上→瀑布,踏瀑戏水→湿地景观区,冲凉并换洗衣服,活动结束。稍作休息后,自由活动,游览雨林谷。

（2）山地运动公园。山地运动公园将设置在志妈谷,景点以青少年野外训练和培训为题材,秉承"寓教于乐"的理念,以体验式培训的方式开展团队游戏活动,锻炼人的身体和培养人的团队合作、坚强、坚持等优良品德。

活动主题："团队、军事、游戏、奖励、欢乐"。

主要活动:定向越野、攀藤荡藤、野地生存体验、山地自行车、高山溯溪、崖降攀岩、野外定向寻宝、野外穿越、野外露营、篝火晚会等。

口号:漫步雨林,挑战自我;我挑战,我快乐。

3. 呀诺达空中滑索

呀诺达雨林文化旅游区地处纬18度,是真正的热带雨林,是海南岛五大热带雨林精品的浓缩。呀诺达空中滑索横跨于雨林谷,雨林谷海拔360米、谷深310米,以展现原生态的热带雨林景观为核心,是得天独厚的"天然大氧吧"。呀诺达空中滑索设计斜长598米,全长1800米,是目前亚洲最长的热带雨林空中滑索。乘滑索飞跃雨林谷,挑战自我,饱览呀诺达唯美雨林,感受自然造化的神奇（见图3-16）!

图3-16　呀诺达空中滑索

4. 呀诺达雨林主题酒店

经过精心的选址和设计,呀诺达第一个主题度假酒店呀诺达雨林一号度假酒店于2011年"十一"国庆节期间盛大开业。呀诺达雨林一号度假酒店的推出，对景区形象的提升、旅游配套资源的改善起到了很大的促进作用，真正实现了景区由旅游观光型到休闲度假型的过渡，丰富了呀诺达的旅游度假产品。至此，也标志着呀诺达景区整体规划中二期度假酒店项目建设的全面启动；届时，呀诺达景区还将增建适合不同阶层人士需求的多家主题酒店，如3B酒店、野奢酒店等，酒店客房总规模将达到1000间。

（1）呀诺达雨林一号度假酒店。呀诺达雨林一号度假酒店（见图3-17）隐藏在一片郁郁葱葱的热带雨林里。这座按照国际品牌五星级标准建造的酒店，设计理念以尊重自然为原则，采用最原生态的建筑风格，以低碳环保节能为导向，使雨林文化与养生度假得到完美结合。

图3-17 呀诺达雨林一号度假酒店

同时，呀诺达雨林一号度假酒店也是一个"限量"酒店，这个"限量"指的是仅有23间（套）豪华养生客房，每天最多接待的客人只能限46位。环境设施也绝不辜负这个"限量"的头衔，酒店所有客房均配有带卫星频道的液晶电视、带免费宽带的电脑、直拨电话、私人保险箱、迷你酒吧等完备的设施；酒店还配套有中餐厅、西餐厅、棋牌室、户外泳池、温泉泡池等，以及1间设计精巧的多功能厅，是举行各类型会议及高级宴会的最佳场所。这里没有城市化酒店的喧嚣，却有着远离尘世的宁静和悠闲，没有城市化酒店钢筋水泥的外表，却有着最奢华的软件设施和服务。

（2）3B酒店。3B酒店的"3B"是指Bed ,Breakfast, Bath，因为只提供热水、床、卫生间等简单的住宿设施,是一种适合大众消费水平的经济型酒店，可以供呀诺达广大的青少年游客选择。

三、第三代：度假——野奢和养生

城市的疲惫，乡村的闲适；城市的喧闹，乡村的静谧。如今，城里人想方设法走到山野之中，寻求一份大自然的纯朴绝美，用以洗涤疲惫身心，修身正性净心。"山中无甲子，寒尽不知年"。神仙日子，岁月悠悠。在呀诺达，山水守着静好，雨林滋润生命，阳光、空气、水、食物，洁净不染红尘，这里是绝佳的养生度假天堂。

——雨林记者

1.呀诺达雨林养生精品

雨林的生命，无论植物、动物，还是微生物，对人类健康都大有裨益。看绿色植物，可以养眼；闻植物芳香，可以养鼻息；聆听虫鸣鸟啼，可以养耳；在雨林里放逐自己，可以养心性（见图3-18、图3-19）。在这充满压力的现代社会，呀诺达为您精心打造了五大养生精品。

图3-18 黎族船形屋

图3-19 雨林小品

（1）雨林养生会馆。中国传统中医的养生理论非常讲究养气，中国内家功夫的修炼也讲究一个"气"字，即要得天地之灵气、正气。而呀诺达热带雨林，人为干扰活动较少，基本保存了原生状态，这里空气清新、草木扶疏、万物自由、气候适宜，汇聚着天地灵气，非常适宜养生。呀诺达雨林养生馆将请来多位养生大师为游客讲解各类养生知识，指导大家正确地养生。同时也会开展一系列的养生活动，如香熏SPA、雨林太极、雨林静坐等。

（2）雨林禅修院。"因过竹院逢僧话，偷得浮生半日闲。" 专家分析，现代都市，人的精神压力越来越大，烦躁、失眠让许多都市人处于亚健康状态。这种压力如果不能得到合理的排遣，就会导致严重的心理、生理疾病。现在，一种减压方式正悄然兴起——禅修。呀诺达将在三道谷为您精心打造一个雨林禅修院。您在那里只是静静坐着，躯干挺直不动，心情平静，什么都不做，顺其自然，不要让心有任何的挂碍或负担，给心灵一次洗礼。

（3）雨林瑜伽会所。雨林瑜伽会所将为您提供一套专门为中国人打造的瑜伽课程——四季养生瑜伽。这是按照四时交替、四季轮回，顺应季节的变化和特点，将传统的中医文化和古老的印度瑜伽合二为一，对应二十四节气，通过不同的瑜伽体位调节人体的动态平衡，将瑜伽练习与中医养生完美地结合在一起的一套瑜伽，更好地适应了国人体质，满足了人们健康养生的需求。四季养生瑜伽包含768个经典瑜伽体位。

（4）雨林国医堂。国医者，乃集医之大成者，治世救人，为国为民。国医曾是中医的代名词，又泛指医术高超者，如今却被赋予新的含义，医术不仅仅局限于中医，而是将以阴阳五行理论为基础的中医和以科学为基础的近代医学进行完美的融合。呀诺达雨林国医堂汇聚数十名国医大师，为游客把脉问诊，给游客提供养生治疗的良方。

（5）雨林药师谷。药师谷位于雨林谷景区，这里有上百种南药资源和丰富的地热温泉资源，是得天独厚巨大的"天然氧吧"和负氧离子发生器，是修身养性，静养最理想、最优良的生态之地。 呀诺达将在药师谷打造一个药师寺，充分挖掘海南的南药文化，同时也会配以以南药为食材开发的热带雨林药膳，让游客对南药有更加深刻的体验。

2. 呀诺达雨林度假野奢

呀诺达将在雨林谷的热带雨林里打造10栋雨林高端野奢酒店。野奢酒店(Rustic Luxury Hotel)，从字义上解释，就是山野与奢华的完美结合。"野"：一方面，是地域上的"野"，具有天然美景之地；另一方面，是在酒店设计上的"野"，不仅粗犷野性，更与大自然完美统一，与城市酒店建筑截然不同。"奢"：一方面，是物质上的"奢"，打破山野之地物质匮乏的观念，即使人迹罕至，也要得到豪华舒适的物质享受；另一方面，是精神上的"奢"，艺术、文明与自然完美结合，为居住者带来独特而难忘的度假体验。

野奢酒店，首先表现在"野"与"奢"的极致对比和碰撞。在最原始或最荒野的地方创造最奢华的住宿条件：舒适的大床、现代化卫浴、水疗SPA、高品质的餐饮、亲切周到的服务等。另一大特点是"野"与"奢"的相互交融。野奢酒店的外形往往纯真古朴，与周围环境和谐共处，野奢酒店是与大自然一道设计，而非生硬闯入的人为建筑物。野奢酒店的存在，其实更将人们对于大自然的亲近和依赖、追求天人合一的极致梦想淋漓尽致地表达了出来。

当您住进呀诺达野奢酒店，白天，打开窗户，映入眼帘的是绿色的热带雨林景观，只要您凝神倾听，天籁入耳，抚慰都市人过于浮躁的心灵。泉水撞击山石之音，奔流不息；鸟儿啼叫之音，清脆婉转；虫鸣之音，细小嘈切。夜里，蛙鸣呱呱，中气十足；蟋蟀唧唧，含蓄羞怯……疏星朗月下，自然之音的合奏，为最美妙、最舒缓的音乐，以此沐浴身心，安若母亲怀抱。这一夜，睡梦酣甜！

3. 呀诺达雨林狂欢演艺

在呀诺达度假养生、探险寻秘之余，您还可以欣赏到以热带雨林为题材的《梦回呀诺达》大型演艺活动，在热带雨林4D影院中欣赏唯美爱情电影，感受别样的热带雨林演艺。

（1）"梦回呀诺达"大型演艺活动。欢乐雨林"呀诺达"大型演艺区，拥有以黎族风情为特色、以热带雨林为背景的"梦回呀诺达"大型演艺节目，可以容纳2000多名观众，让游客能够真正欣赏到一台海南原生态的、高水准黎族歌舞。园区将在大型演艺中，透过热带雨林的生态环境，发掘人文历史生命基因，展示万物生生不息的进化过程，描绘美好未来绚丽图景，让游客真正欣赏到一部情的圣经、魂的宣言、神的杰作、爱的史诗。园区同时将十二生肖、远古图腾、神话故事等编排其中，以卡通、夸张的艺术手法，以声、光、电等手段，进行每天夜间大型花车巡游表演，使游客参与其中狂欢取乐。"梦回呀诺达"演艺项目对游客将具有极大的吸引力，从而可延长游客的逗留时间，为海南原生态的黎族歌舞文化走出大山、走向世界搭建一个平台。

（2）热带雨林4D电影院。热带雨林4D电影院将为您打造一部主题突出、科技含量高、效果逼真、画面冲击性强的4D电影，为您展示什么是热带雨林，热带雨林有哪些神秘的植物现象，热带雨林有哪些作用和意义，世界上的热带雨林是如何分布的，热带雨林与人类是怎样的关系。最重要的是，呀诺达将为您打造一部以热带雨林为背景的唯美爱情电影，让您通过4D技术真切地体验到浪漫的雨林、完美的爱情。

第四节 创新——与时俱进，独具匠心

"学习、创新、执行、快乐"是呀诺达运营实践的八字方针。创新就是不断地"变化"，敢于否定原有的经验、思想，勇于创造新的理念和方法。创新是学习的活化；创新是应变；创新是超越模式的禁锢而获得持续发展的动力；创新是用两只眼睛看世界：一只在天上看世界上先进的技术，一只在地上看自身，把握市场脉络，抢占先机，编织故事，策划项目，驱动愿景。呀诺达在产品开发上推陈出新，创造了独树一帜的呀诺达"V字礼"服务，研制了独具特色的呀诺达雨林养生药膳，推出了主题鲜明的呀诺达雨林精灵。

一、创新餐饮——雨林养生药膳

呀诺达雨林养生药膳汇集中华药膳的精华，在传统工艺的基础上不断创新，运用独特的烹调技法，结合海南地方特色，将雨林的山药、野菜、野生菌、土鸡、水库鲜鱼、特色蔬菜引入药膳，形成了独具特色的雨林养生药膳。

呀诺达雨林养生药膳是兼有养生功效和食品美味的特殊膳食，富含蛋白质、多种维生素和人体所需的多种氨基酸。既可有效地补充人体能量和营养物质，又能调节机体内物质代谢，增强机体的自稳状态，提高抗病免疫力，改善心肺功能和造血系统的功能，促进血液循环，起到滋补、强身、养颜、瘦身、防病、延寿等作用。

1. 创新食材——四大南药

呀诺达雨林养生药膳的食材是采用海南独有的四大南药：槟榔、砂仁、益智和巴戟天，具有鲜明的地方特色。

（1）槟榔。功效：杀虫破积，下气行水。适用于虫积腹痛、大腹膨胀、里急后重、脚气肿痛等症。

（2）砂仁。功效：消食开胃，行气化湿，温脾止泻，温胃止呕，安胎，适用于脘腹胀痛、食欲不振、恶心呕吐、胎动不安等症。

（3）益智。功效：有温脾、暖肾、固气、涩（固）精之功效。

（4）巴戟天。功效：补肾阳、强筋骨、祛风湿。适用于肾虚兼风湿痹症，腰膝疼痛，筋骨痿软无力。用于阳痿遗精，宫冷不孕，月经不调，少腹冷痛，风湿痹病。

2. 创新菜品——"三道"四菜

呀诺达雨林养生药膳餐饮选用海南本地特色五脚猪、小黄牛、果园放养的家禽、石鳞鱼、鲜蔬、野菜、黎民土家菜、五谷杂粮、雨林热带水果等为主要原料，用传统药膳烹调技术锤炼而成。

（1）五条腿的猪。家猪与野山猪杂交而成，放养于田地山野，以野果、地瓜为食，鼻子比一般家猪长，远看形同五脚，故名"五脚猪"。这种原料适合白切、红烧、干煸，可制成本地特色菜肴（见图3-20）。

（2）上树的鸡（睡在树上的鸡）。农家放养的土鸡，白天在山林中觅食树籽小虫，晚上经常睡在农家果树上，皮脆肉滑（见图3-21）。

（3）不回家的牛。指平时放养在山林间的黄牛。特别是小黄牛肉，带

图3-20 五条腿的猪

图3-21 上树的鸡

图3-22 不回家的牛

皮爆炒、涮火锅都十分适宜，胶质特别丰富（见图3-22）。

图3-23 会冲浪的鱼

图3-24 没人管的野菜

（4）会冲浪的鱼。在水质纯净的山溪中生长的鱼，因长年在湍急的溪水中生活，肉质特别滑嫩，适合香炸或煲仔（见图3-23）。

（5）没人管的野菜。呀诺达雨林一年四季盛产卷毛菜、白花菜、鸡叶菜、雷公根、雷公笋、捞叶、南瓜花、革命菜、鹿舌菜等几十种天然特色野菜，这些野菜都有自己独特的养生功效（见图3-24）。

3.创新宴席——"养生药膳"

呀诺达通过精选食材和创新菜品，打造了别具一格的呀诺达雨林养生药膳。主要包括呀诺达养生宴、呀诺达野生菌宴和呀诺达雨林精品养生自助餐。

（1）呀诺达养生宴。呀诺达养生宴（见图3-25）紧密结合黎苗民族特色，选用当地特色食材，根据客户不同需求，以海南本地风味菜为主，充分体现民族风情特色，是享受本地

图3-25 呀诺达养生宴

风味美食、体验养生文化的理想之选。养生宴席菜单共设8款，款款实惠，款款超值，并附赠精美养生杂志一份（每桌）。

（2）呀诺达野生菌宴。热带雨林资源丰富，长年生长着各类食用菌，如蘑菇、白灵菇、金针菇、灵芝等。菌类食品是高蛋白、低脂肪、低热量、高纤维素的食品。既适合儿童生长发育期食用，又适合患有高血压、高血脂的中老年人食用，而且它含有一种抑制肿瘤生长的物质，有明显的抗癌作用，对肺癌、皮肤癌患者尤其有益。同时，菌类食品富含维生素B、维生素C、维生素D，微量元素铁、锌、铜、硒、铬含量较多，具有养颜美容、提高人体免疫力的功效。

100元/人（野生菌类）（不含酒，10人用）

精品美味四小碟、 雨林水果、山珍十全大补汤、 一品竹笙卷、松菌菇烧水鱼、铁板奶浆菌、谷熟菌烧土鸡、鸡枞小黄牛、牛肝菌滑鱼片、荞麦珍菌粒、干煸茶树菇、鲍汁白灵菇、尖椒兰豆鸡腿菇、呀诺达大丰收、杂菌野菜包、鲜菇肉丝汤面。

（3）呀诺达雨林精品养生自助餐。呀诺达雨林精品养生自助餐（见图3-26）位于雨林核心景观区——雨林谷。环境优雅、装修精致、自然和谐，既可欣赏雨林美景风光，倾听潺潺流水、虫鸣鸟叫，又可享受养生药膳美食。

雨林精品养生自助餐主要以海南本地风味美食为主，选用当地特色食材，配备雨林四大南药，用传统药膳烹调手法烹制而成。精品自助餐厅可同时容纳150人就餐，是商务、聚会、自助旅游的理

图3-26　呀诺达雨林精品养生自助餐

想场所。

58元/位

水果类：西瓜、哈密瓜。

汤羹类：巴戟木瓜龙骨汤、香芋西米露。

主食：黑米莲子红枣粥、金银馒头、菠萝炒饭、灌汤水饺、紫心地瓜、甜玉米。

热菜类：云南小瓜炒双脆、香芋南瓜煲芡实、海带结烧猪蹄、土豆烧牛肉、黄姜果园鸡、槟榔脆皮鸭、五彩山药丝、九制陈皮鱼、培根四季豆、清炒时蔬。

凉菜类：花生小咸鱼、凉拌海蜇丝、蔬菜沙拉、蒜泥青瓜。

98元/位

果汁类：木瓜汁、橙汁、凉茶。

水果类：哈密瓜、西瓜、芭蕉。

汤羹类：巴戟木瓜龙骨汤。

主食：菠萝炒饭、金银馒头、灌汤水饺、紫心地瓜、甜玉米、炒面。

热菜类：云南小瓜炒虾球、海带烧排骨、土豆烧牛肉、美极海白鲳、槟榔脆皮鸭、泡椒美人腿、淮山炒云耳、辣炒白玉贝、培根炒甜豆、清炒山野菜。

凉菜类：凉拌老虎菜、盐水红花生、红油耳丝、蒜香仔鸡。

128元/位

水果类：哈密瓜、西瓜、杨桃。

果汁类：椰子汁、木瓜汁、凉茶。

汤羹类：什锦银耳羹、呀诺达美味羹、冬瓜老鸭汤。

主食：皮蛋瘦肉粥、三丝炒面、紫心地瓜、甜玉米、竹筒饭。

热菜类：茯苓木瓜羊肉、红烧扒皮鱼、美极掌中宝、加酱爆鱼肚、三鲜烩蹄筋、香辣黑口螺、榄菜四角豆、爽瓜炒云耳、蒜香山野菜、椒盐河虾。

凉菜类：白切文昌鸡、凉拌海白菜、凉拌牛肉、水果沙拉。

烧烤类：烤山地雀、烤素鸡、烤秋刀鱼、串烤鸡翅、孜然羊肉串。

凉菜类：孜然散步小黄牛、槟榔花白切鹅、凉拌海石花、芥末黑木耳。

4.创新吃法——先水果后主食

营养专家认为，饭后吃水果实际上是一种饮食误区，这种习惯实际上对健康不利，易导致体重超重和肥胖现象的发生。因此，营养专家建议，饭前进食一定量的水果，有很多好处。首先，水果中的许多成分均是水溶性的维生素C以及可降低血液中胆固醇水平的可溶性的植物纤维、果胶等，其消化吸收不需要复杂消化液的混合，可迅速通过胃进入小肠吸收。其次，饭前吃水果有利于健康饮食"八分饱"的把握。最后，许多水果本身容易被氧化、腐败，先吃水果可缩短其在胃中的停留时间，降低其氧化腐败程度，减少可能对身体造成的不利影响。

从水果本身的成分和身体消化吸收的特性分析，营养专家建议最好在每顿饭前吃水果。因此，呀诺达养生药膳餐饮从健康出发，结合养生药膳特点，为客人送上餐前时令水果。同时，呀诺达将努力打造养生药膳餐饮文化品牌，向每位来到呀诺达的游客呈现健康饮食，宣传养生文化。

二、创新商品——雨林精灵

在2011年春节的"2011呀诺达雨林新春嘉年华"中，呀诺达倾力打造了十大精彩活动，其中之一便是推出了呀诺达雨林精灵吉祥物（见图3-27）。

图3-27 呀诺达雨林精灵

呀诺达雨林精灵的创意来自海南兔和四大南药。呀诺达根据四大南药药性特点将四大南药幻化成青春美丽的槟榔妹、智慧活泼的益智娃、健康长寿的砂仁爹以及勇敢刚毅的巴戟哥等拟人卡通形象；另外，再加上欢乐可爱的达达兔，让它们成为了呀诺达雨林精灵首批吉祥物，这在全国旅游景区中是一个开拓性的创举。

呀诺达还将结合海南的特色产品，推出一系列以呀诺达雨林图腾以及呀诺达雨林精灵为形象的主题旅游商品。

（1）呀诺达吉祥物T恤、包包、鞋子。

（2）呀诺达吉祥物钥匙扣、手机链。

（3）呀诺达口杯、情侣杯、挂历。

（4）呀诺达精灵套装系列。

（5）呀诺达精灵面具系列。

（6）呀诺达精灵文具系列。

（7）呀诺达精灵故事书系列。

（8）呀诺达精灵游戏系列。

三、创新服务——呀诺达"V"字礼

夏威夷的一句"阿罗哈"叫得人们心情欢畅，而海南的呀诺达雨林文化旅游区的一句"呀诺达"也叫得人们热情洋溢，在这里，呀诺达不仅仅是一种打招呼的方式，一种旅游景区特有的符号，更是一种创新的服务方式。

1. 呀诺达的意义

"呀诺达"是海南本土方言，就是数字的一、二、三。"呀诺达"包含三层意思：第一层寓意是，"呀诺达"代表海南方言，意在弘扬海南本土文化，传承中华民族传统文化，其文化脉络紧紧贯穿在景区景观中；第二层寓意是，"呀"表示创新，"诺"表示承诺，"达"表示践行；第三层寓意是，"呀诺达"是欢迎、您好的意思，表示友好和祝福。

给景区用海南话命名，并把它融入景区的问候礼仪中，是景区希望通过这种方式强调这个景区是海南的，是其他地方所没有的，并以此打造出一种独特的景区文化，一种独特的旅游服务产品。一声声响亮的"呀诺达"包括了"您好"、"再见"、"欢迎光临"三个常见的礼貌用语，而摇动的"丫"字形手势，恰如雨林里迎风招展的树枝，又包含着国际通用的"V"字形手势，各国游客都能看懂。

2. 呀诺达"V字礼"

欢迎V字礼：

（1）动作要领：左手微弯自然放置背后（腰带处），右手无名指与小拇指靠拢，大拇指贴近无名指的第二节，食指与中指打出"V"形，与眉同高，距眉30~40厘米，放置于头的右前侧，手指打出的顺序依次为"外—内—外"，摆幅20厘米左右，口呼"呀诺达"，面带微笑，语言清晰，语气适中。

（2）适用范围：用于欢迎客人，以及员工与领导、同事之间见面相互打招呼。

（3）含义：大家好！您好！欢迎您！祝福您！

欢送V字礼：

（1）动作要领：左手微弯自然放置背后（腰带处），右手向前伸直，手腕竖直，右手食指与中指打出"V"字礼，口呼"呀诺达"，面带微笑，语言清晰，语气适中，并且身体随着车或者人的行进方向转动，目送客人离开。

（2）适用范围：适用于欢送客人、公司领导或贵宾。

（3）含义：再见！一路顺风！欢迎下次光临！

第四章　呀诺达营销与推广

呀诺达热带雨林文化旅游区早在2000年就进行资源冻结，一直到2006年才投入建设，终于在2008年开门营业，为什么历经了近十年呀诺达才开门迎客？呀诺达本是一片默默无闻、籍籍无名的深山老林，怎样摇身一变、华丽转身，成为高品位的4A级景区？呀诺达地处三亚市北30公里处，交通不便，可进入性差，它拥有怎样的魔力吸引世界各地游客纷至沓来？

现代营销是企业制胜的利器，是打开市场的"冲锋枪"。呀诺达采用了何种营销秘诀，迅速引爆市场，为众人所熟知？带着这个疑问，我们共同探寻呀诺达，通过调查、访谈、资料收集，渐渐揭开呀诺达营销成功的神秘面纱。

第一节 营销与推广——走在理论的最前沿

理论是对实践的总结和提炼。在营销与推广方面，呀诺达始终走在理论最前沿，灵活运用时下热门的营销策略，走出一条理论指导实践的道路。

一、关系营销——三道圆融，互利共赢

圆融，佛法释意为圆满融通。圆融是呀诺达景区的建设单位——海南三道圆融旅业有限公司的企业文化。关系营销，是把营销活动看成是一个企业与消费者、供应商、分销商、竞争者、政府机构及其他公众发生互动作用的过程，其核心是建立和发展与这些公众的良好关系。1985年，巴巴拉·本德·杰克逊首次提出关系营销的概念，使人们对市场营销理论的研究迈上了一个新的台阶。呀诺达巧妙地秉承圆融思想进行关系营销，取得了不俗的成绩。

二、服务营销——乘兴而来，感动而归

服务营销是企业在充分了解消费者需求的前提下，为了满足消费者需要而在营销过程中所采取的一系列活动。服务作为一种营销组合要素，真正引起人们的重视是在20世纪80年代后期。这个时期，由于科学技术的进步和社会生产力的显著提高，产业升级和生产专业化发展日益加速，一方面使产品的服务含量即产品的服务密集度日益增大；另一方面，随着劳动生产率的提高，市场转向买方市场，随着收入水平的提高，消费者的消费需求逐渐发生变化，需求层次相应提高，并向多样化方向延伸。

三、市场推广——突出重点，逐级突破

市场推广是指企业为扩大产品市场份额，提高产品销量和知名度，而将有关产品或服务的信息传递给目标消费者，激发和强化其购买动机，并促使这种购买动机转化为实际购买行为而采取的一系列措施。市场推广不是一个特别的名词概念，不是由哪个科学家提出的。它的产生是在市场发展和进步中演进出来的，是指对某个产品的性能和特点进行宣传和介绍，使消费者接受、认可、购买，是营销的手段和方式。

四、创新策略——迎合市场，紧跟时代

创新是企业成功的关键。企业要敏锐洞察市场需求和观察市场变化，推出市场需要的产品和服务，根据市场的变化不断修正产品。要打破思维定势，采取创新的技术手段，拓展营销渠道的广度和宽度。要以消费者为核心，以市场为理念，创造市场价值，进而为消费者创造价值，挖掘消费者潜在的、尚未满足的需求。

五、左手宏观市场营销，右手微观市场营销

在呀诺达建设之初，它就确定了宏观营销和微观营销相结合的营销策略。呀诺达利用宏观营销和微观营销覆盖整个营销网络，充分做好市场营

销的工作（见图4-1）。

宏观市场营销是把营销活动和社会联系起来，着重阐述市场营销与满足社会需要、提高社会经济福利的关系，它是一种重要的社会过程。①宏观市场营销以整个社会经济系统为出发点和基础来研究市场营销，研究重点在于产品和服务如何最经济地从生产领域进入消费领域，使社会的供应和需求达到有效的平衡。这涉及到如何建立一种使资源和产品在社会组织和个人中得以合理分配的经济体系，以满足社会组织和个人在各种时间和地点所产生的各种需要，并促使整个社会经济系统得以正常运行。

微观市场营销以个别企业为出发点和基础，研究重点是企业如何利用有限的资源创造出能满足消费者需要的产品和服务，通过有效的市场活动（分销和促销），实现同消费者的交换、获取经济利益等一系列问题。一些营销学者将其归纳为如何在适当的时间（Right time）、适当的地点(Right place）,以适当的价格(Right price）和适当的方式(Right pattern），将适当的产品(Right product）销售给适当的顾客（Right customer）的"六R模式"。②

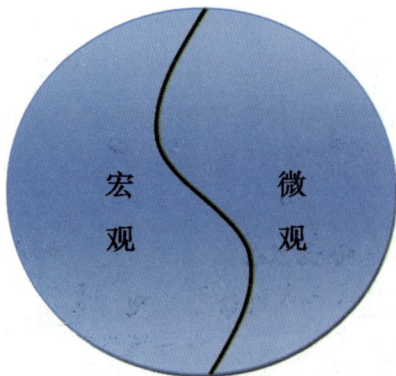

图4-1 营销构成

第二节 左膀 —— 宏观市场营销

还未到景区，我们已在公路边见到呀诺达的宣传广告牌。而进入景区后，每个员工脸上洋溢着热情的微笑，直至离开景区，那个微笑的温暖依然温存于心田。在对营销部的访谈中，营销总监展示他和员工几年前的合影，

①甘碧群.市场营销学[M].武汉大学出版社，2002.
②李弘，董大海.市场营销学[M].大连理工大学出版社，2001.

当说起每个员工的成长经历时，他的言语中透露出幸福和骄傲。访谈过程中，他的手机铃声不断响起，有导游寻求帮助的，有电视台寻求采访的，还有员工汇报工作的。

一、政治营销——政府社区一家亲

呀诺达的政治营销，主要指响应政府号召，依靠政府力量，达到景区营销和推广的目的。政治营销离不开社区的配合，景区在政治营销中，时刻重视与维护和社区的关系，互惠互利。

1.依靠政府，如沐春风

呀诺达与海南省发改委、国土资源局、规划管理局、林业局、旅游局等政府各部门保持着和谐紧密的关系。呀诺达依靠政府、配合政府，积极响应政府号召，最终实现景区与政府双赢。呀诺达设有专门的公关部，由专员负责。呀诺达与政府积极有效沟通，不断宣传呀诺达的经营理念，依靠政府的力量解决景区的困难，得到政府支持，把景区做大做强。与政府各个部门保持密切合作，有利于景区办理好手续，快速便捷地达到目标。

景区在建设前期，各方面工作与政府紧密配合，获得了非常好的效应。在征地工作方面，根据国家的司法程序，在政府的指导下做群众的工作，合情合理地向农民征地。征地工作由专门的政府官员着手处理，景区站在配合的角度，配合政府行为，负责报批手续。在报批景区建设运营方面，呀诺达将建设方案的可行性研究报告呈送到保亭县和海南省相关部门，让政府了解呀诺达，其中，呀诺达的经营理念和运营模式部分引起了广泛关注。在用地报批方面，法律条令明确规定了热带雨林的特殊性和严格性，因而呀诺达每一寸土地的利用都需要向上级申报，以求在政府的监督下保护雨林生态环境。比如，景区要修建的酒店、缆车需要动用土地，需要向上级申报；高端度假区和药膳服务区需要动用土地，也要向上级申报。呀诺达谨遵政府指导，在政府的监督下修建景区，完全在制度框架内履行景区的责任和义务。

与政府保持紧密联系，使呀诺达获取充足的政府扶植资金，用于建设和发展景区。景区修建成功，不仅塑造了优美的景观环境，更改善了当地居民的生活基础设施。比如，通过修路，改变了原来热带雨林中泥泞的道路状况，方便了当地居民出行。

在成功经营的今天，呀诺达不忘景区美丽的热带雨林风光是大自然的馈赠，尝试可持续旅游发展和低碳旅游开发的举措。这个理念获得政府的认可与支持。

2. 依托社区，互惠互利

圆融的企业文化和兼善的胸怀，指导景区与社区融洽相处，圆融美满。呀诺达与当地百姓和谐共荣、携手发展。整个旅游规划区正在创造出一种搬迁、改造、生活、就业的新的和谐模式（见图4-2）。

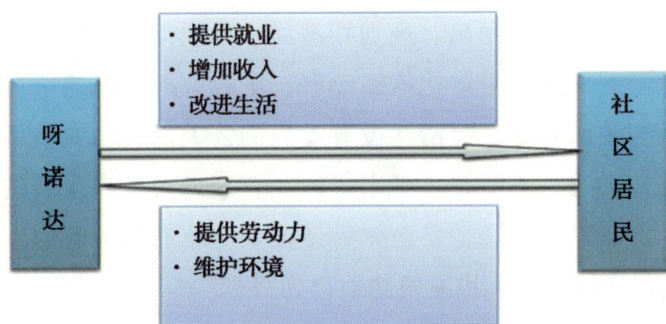

图4-2　呀诺达与社区居民的关系

（1）资金扶贫，关注民生。一个项目能否成功经营，在于能否融入当地社会经济发展的大圈子，能否融入自然生态环境中，能否融入景区百姓的幸福感中。正是遵循"关注扶贫，关注民生"的理念，景区建立了与周边社区共享利益的机制。

呀诺达每年新春拿出近15万元，向被征地村庄村民拜年。除了节日慰问以外，呀诺达还为三道农场什根队农户购买城镇居民基本医疗保险，给毛民村的农户每月发放电费补贴，每年支付8万元给毛民村小组作为工作经费，给60岁以上老人每月300元生活补助，设立贫困助学基金，帮助保亭地区的贫困大学生。

（2）提供工作，解决就业。一个项目能否可持续发展，在于能否与当地百姓和谐共荣、携手发展。呀诺达从初期征地开始，就秉承"带动周边和谐发展，共同富裕"的理念，把踏踏实实地为百姓做事当做自己的神圣职责，免费培训在园区工作的村民，为当地年长者办理养老保险。

呀诺达专门组织有经验的经理和专门的培训人员，为农民工做技术培训，提高农民工的就业能力。

三道镇毛民村村民董伯山说，他所在的村庄共有40多人在呀诺达工作，月收入上千元，村民的生活水平随着景区的建设日益提高。呀诺达的成功之处，就是把景区客源带来的消费能力向周边村庄辐射和扩散。它正在逐步成为周边村庄财富的集散地。

二、传媒营销——多管齐下

呀诺达善于利用传媒营销。在试营业期间，从刊登在《海南日报》上十个整版的景区介绍，到后面循序渐进地利用平面、视频、网络媒体推广品牌，呀诺达将传媒营销运用得如鱼得水。呀诺达坚持每月举办不同主题的优惠活动，通过网络、报纸、电视、广播、传真和电话等各种形式进行宣传推广，以扩大景区在海南岛内市场的知名度和影响力，努力挖掘海南岛内客源。

1.传统传媒多元化、全方位宣传

传统媒体指电视台、广播、报纸杂志这类老牌的传播路径。呀诺达全面利用各种传统媒体做景区的营销推广。

呀诺达联手电视台。景区与海口电视台携手，在七夕节或情人节，征集青年男女参加呀诺达的露营项目。在海口电视台《热带播报节目》中，播放景区"三八"妇女节和"五四"青年节等节日的活动实况。

2010年呀诺达先后举办了"福虎贺新春，雨林乐翻天"景区春节主题活动、"时尚雨林邀佳人，美丽相约呀诺达"景区"三八"节主题活动、"清明逍遥游雨林，踏青寻梦呀诺达"景区4月份清明节主题优惠活动、"笑迎世博会，相约呀诺达"主题优惠活动、"清凉一夏 雨林度假"景区暑期优惠活动、"缤纷九月天 温情呀诺达"主题活动、"十月金秋庆华诞，欢乐畅游呀诺达"主题活动、"欢聚呀诺达雨林，乐享温馨感恩节"、2010呀诺达感恩优惠月活动等一系列主题活动，提高了景区品牌的关注度和海南岛内居民对景区的认知度。

与国内外各地媒体电视台合作拍摄专题节目。呀诺达与南方卫视、浙江卫视、中央电视台、三亚电视台、保亭电视台等国内电视台合作录制专题片。如中央电视台的《希望英语》栏目、《新闻30分》、《对话》栏目、CCTV4《快乐学汉语》节目和美食节目。

呀诺达还先后接待了网络传媒优酷、拍客和国外传媒如美国CNBC电视台、韩国SBS电视台、俄罗斯海外电视台等来景区拍摄。

随着呀诺达的声名鹊起，景区成为许多电视剧、电影的重要取景地，如电影《椰岛民谣》，著名影星刘诗诗、明道主演的现代时装剧《天使的幸福》，以及杨幂、刘恺威领衔主演的2012年七夕专属爱情喜剧大片《HOLD住爱》，都在此取景。

呀诺达与海南日报、三亚晨报、特区报、南国都市报、南岛晚报、海南交通广播、三亚交通广播、国际旅游岛之声、海南电视台《热带播报》等主流媒体密切合作，及时发布关于景区的活动广告和新闻报道。

2. 与时俱新，巧妙利用网络媒体

呀诺达与人民网海南视窗、中新社海南分社、南海网、天涯在线及《夜线》和三亚泛旅等网络媒体合作，及时发布关于景区的活动广告宣传和新闻报道。2010年，共在各大网站发表文章200余篇，有力地提升了景区品牌的聚焦度和认知度，吸引了大批海南岛内客源。2011年网易一度把呀诺达放在网站首页宣传景区的亲子旅游项目。

（1）门户网站和论坛。2011年呀诺达成功完成景区门户网站（http://www.yanoda.com/）的改版，在原有基础上增设了新板块，及时将景区的新闻动态发布到网站，丰富景区图文信息介绍，着重介绍景区的特色产品，同时网站论坛和预定板块给予游客互动参与的机会，以此增加网站点击率。

2010年，呀诺达与人民网、新华网海南视窗、海南在线、100T、中新网等多家网络进行合作。呀诺达分配给销售部的每个员工在论坛发帖的任务。比如，在西祠胡同、网易、猫扑和新浪等著名论坛，发帖介绍呀诺达，并正面评论景区，给潜在游客留下正面印象。

（2）微博营销。微博营销是全新的营销方式。微博营销以微博作为营销平台，每一个听众（"粉丝"）都是营销对象。企业在新浪和网易等网站注册微博，在微博发布企业信息和活动，传播企业、产品的信息，树立良好的企业形象和产品形象。在微博上，每天更新的内容就可以跟大家交流，或

者有大家所感兴趣的话题，这样就可以达到营销的目的，这样的方式就是新兴推出的微博营销。

诺基亚首款搭载Symbian3系统的手机——诺基亚N8举办新品上市发布的时候，采用全新微博直播的方式线上发布。2010年8月25日上午10点30分，诺基亚联合新浪微博、人人网、开心网和优酷网的全社交网络发布会开幕。直播会当天，新浪微博首页推出诺基亚N8手机"微博发布会"，7小时内即收到微博评论、转发89034条，诺基亚新浪微博首页关心人数到达49277人，被业内称作品牌营销的又一成功案例。

呀诺达紧跟时代潮流，在2011年3月开通新浪微博，名称为"呀诺达雨林文化旅游区"，成功通过企业认证。截止到2011年12月1日，关注849人，"粉丝"1135人，发表微博1213条。呀诺达为自己的微博贴上"酒店、拓展、低碳生活、环保、养生、摄影、旅游"的标签。呀诺达在微博上开展活动，比如，2011年暑期发起"征集酒店名称的活动"的有奖活动，吸引了大量的网友参加互动。此外，微博是营销的宣传渠道，呀诺达在微博上发布景区的优美的风景图片、景区最新的新闻和主题活动、景区促销活动，并转发呀诺达获得的殊荣，如中国十大绿色森林氧吧，转发游客游历完景区后对呀诺达的赞美等，博足了"粉丝"的眼球。

（3）淘宝和团购。2011年8月，呀诺达正式进驻淘宝商城，命名为"呀诺达热带雨林官方旗舰店"（网址：http://yanoda.tmall.com/shop/view_shop.htm?prc=1）。呀诺达利用淘宝商城出售景区门票。2011年8月22日起推出为期一周的限时折扣门票，原价158元的景区门票和游览车票，优惠价格只要98元。 这是呀诺达推出的第一个淘宝商品，是一次尝试，也是向现代销售方式进军的标志。2011年10月，呀诺达又推出二维码访问系统，直接用二维码识别软件拍摄二维码，即可直接访问呀诺达淘宝旗舰店（见图4-3）。

活动码：Xuq1

图4-3 呀诺达二维码

团购是新一波Web 2.0的应用。这就是模仿美国Groupon模式的团购类网站的Web 2.0应用。Groupon最大的特点就是利用团购减少人均消费支购，使参与团购的网民获得更大的优惠。目前国内有许多家类似的网站正在全国各城市展开团购。对于未来同质化的竞争压力，有人称竞争越激烈越是好事；这表明Groupon模式被大家接受认可，前景更值得期待。

2011年8月，呀诺达在拉手网推广景区门票团购，为期7天，最好的一天卖出300张门票，7天一共卖出1180张门票。在团购网站上介绍景区概况，张贴景区风景图片，介绍景区旅游资源，视觉效果好，所以收效也好。呀诺达通过团购这种促销方式，增加景区门票的出售率，以走量的方式完成营销任务，给企业带来经济收益，又为游客降低旅行成本。

（4）其他宣传媒体。

车体广告。在景区的出租车和巴士的车体上，印有呀诺达的标识和景观。车辆在三亚市区开动行走，自然地构成一种移动的景区宣传图画。

酒店宣传。在合作的星级酒店和家庭旅馆，发放景区宣传手册，方便游客了解和认识景区。不断改版景区宣传资料，丰富景区图文介绍，并投放到三亚各区域酒店大堂资料架，供住店游客免费索取，适时向三亚湾和大东海人群集中的广场发放宣传资料，向广大的海南岛内外游客介绍景区。

户外广告牌。在海口至三亚的东线高速路口建造大型户外广告牌一块，在海口建造户外广告牌一块，在三亚解放路商业区放置LED一块……

电梯广告。2011年10月~12月，在三亚的高档小区做电梯广告。

在兄弟景区发放宣传手册。继续在南山和蜈支洲岛投放景区宣传资料，充分利用这两个景点的高端散客和大流量的客源对景区进行有效的宣传和推广。

三、全员营销——呀诺达，我们一起微笑

呀诺达的导游，腰间围着一个竹背篓，这是做什么用的？

原来，竹背篓是用来随手捡景区垃圾、保证景区环境卫生的。导游主动自觉地维护景区卫生的举措，让许多游客非常感动：呀诺达的确是一个与众不同的景区。竹背篓深深地印刻在游客的心中，化身为环保的代言人。呀诺

达的每一个员工，都以顾客为导向，展现企业文化，进行全员营销。

全员营销是一种以市场为中心，整合企业资源和手段的科学管理理念，很多大型工业企业采用后取得了不凡的成效。全员营销指企业对企业的产品、价格、渠道、促销(4P)和需求、成本、便利、服务(4C)等营销手段和因素进行有机组合，达到营销手段的整合性，实行整合营销。同时，全体员工以市场和营销部门为核心，研发、生产、财务、行政、物流等各部门统一以市场为中心、以顾客为导向开展工作，实现营销主体的整合性。

优质服务是景区营销的保障。"诚心而来，感动而归"是呀诺达服务游客的箴言。每一个呀诺达的员工，都谨遵这句箴言，全心全意为游客服务。导游在讲解过程中一直面带微笑，清洁工主动向游客问好，电瓶车的司机贴心地为游客拉下遮光板，搀扶老人上下车。员工的笑容深深地印刻在游客心中。这是个有魔力的景区，每个人都善良、微笑。

第三节 右臂——微观市场营销

早在景区筹备建设的时候，就已确定宏观营销与微观营销"两手抓，两手都要硬"的策略方针。景区宏观营销面面俱到，微观营销更是深入细节，一丝不苟。

一、品牌营销——呀诺达不仅仅是一个口号

"呀诺达！"在景区游览，人们会发现一个非常有趣的场景，景区员工之间、员工与游客之间、游客与游客之间用"呀诺达"代替"你好"来打招呼，同时伸出右手行"V"字礼。"呀诺达"是什么意思？为什么喊出"呀诺达"的人的脸上都散发出开心的笑容，难道这是一句魔咒，使得每个人来到呀诺达就变得欢乐而开怀？

1."呀诺达"深入人心

实际上，"呀诺达"是形声字，取自海南本土方言，是数字"一、二、

三"的意思。在筹备建设景区的时候，大家苦于景区的取名怎么确定。某夜，原总裁张晖灵感突发，不如就用海南黎族的土话"呀诺达"作为景区的名字。同样处于北纬18度的夏威夷有个"阿罗哈"，是旅游文化景区的成功代表。夏威夷的"阿罗哈"，既是迎宾语、欢迎语，又是年轻人浪漫的"我爱你"的代称，具有鲜明的地域、民族特色，做足了营销口号。夏威夷有个"阿罗哈"，不如让"呀诺达"成为海南的迎宾语。从此，呀诺达旅游文化景区诞生。"呀诺达"这三个字被赋予深层的含义，饱含文化内涵，逐渐化身为景区的品牌标识。

（1）文化意义。"呀诺达"包含两层意思。

第一是字面上的含义。在海南黎族土话中，"呀诺达"是一个象声词，没有相对应的汉字。创始人匠心独运，创造性采用这三个字："口"字偏旁的"呀"字代表创新，"言"字偏旁的"诺"字代表承诺，"辶"字偏旁的"达"字代表践行。

第二是文化层面上的含义。以"呀诺达"所代表的一、二、三为出发点，赋予"呀诺达""您好"、"再见"、"欢迎光临"三个意思，用来祝福每一个来呀诺达游览的人一生平安、两全其美、三道圆融。

（2）实际意义。"呀诺达"是一个创造，是对海南旅游文化的提炼，它将成为有海南特色的"迎宾语"。用"呀诺达"来命名，是因为，它有着原生态的热带雨林环境、原生态的海岛民族风情、原生态的传统文化底蕴。

第一，增强景区的神秘感。"呀诺达"是美丽而神奇、幽深而神秘、庄严而神圣的。正因为它拥有罕见的原始热带雨林、深幽静谧的深山峡谷、清澈碧澄的溪流湖泊、淳朴敦厚的黎苗风情，所以从自然环境上，它是海南至今几乎没有被破坏的净土，是人迹罕至的秘境，是热带的"香巴拉"、心中的蓝月谷。她的神奇、洁净、美丽、安宁，令人神往和惊叹。

第二，人们的精神家园。我们透过"一二三"来深化探究"呀诺达"的外在现象和内涵实质，可以找到精心打造"呀诺达"文化旅游区的原因。"呀诺达"不是简简单单"一二三"的表达，它是一个内心发出的目标追求，是一个为之依托的精神家园，是一个人们提高生活质量、愉悦美好心灵的理想净土。

第三，弘扬和展示根植在海南海岛土壤中的本土文化以及孕育了本土文化的中华民族传统文化。这一文化脉络将贯穿在景区的景观建设、文化符号乃至所有景观名称中。景区建设者也赋予"呀诺达"表意内涵，"呀"表示创新，"诺"表示承诺，"达"表示践行，以体现建设者对中部发展的崛起，对海南热带雨林旅游的破题，以及让海南旅游以更加饱满的色彩走向国际舞台的创新、承诺和实践。

第四，促进海南建设国际旅游岛。用"呀诺达"三个字构建景区形象和树立发展目标，即立足实践，履行承诺，通过不断的创新，创造出一个前所未有的主题文化旅游园区，将海南旅游带入一个全新的境界，让海南旅游以全新的姿态走向国际舞台，为海南建设国际旅游岛做出积极的贡献。

所有这些都给人们旅游休闲增添了无法抵御的绿色诱惑和绿色向往，为保护和利用、开发和建设"呀诺达"提供了得天独厚的宝贵资源，也为"呀诺达"理念的推出和园区文化体系的构建，展示了丰富多彩的自然与文化空间。

2．"V"字礼是我的招牌动作

进入景区一下车，便遇见景区门口站成一排穿着岛服的导游，打着"丫"形手势，热情大声地对我们说："呀诺达"。对这种向陌生人问候的奇特方式，我们还有些害羞，不好意思开口。先到的游客，大声地向我们打招呼，伴着一声声响亮的"呀诺达"，绽放出灿烂的笑容。

在呀诺达，素不相识的游客，像久别偶遇的老友，脸上尽是友善的微笑。乘坐呀诺达的环保电瓶车，弯弯山道上相遇，便是满满两车热情的"丫"形手势、满车友善的笑容和满车响亮的"呀诺达"，成为山道上一道风景。伴随着摇动的"丫"字形手势，游客便成了雨林里随风摇动的枝丫，相互问候致意，传递着一份关爱和友好，陌生的你我他之间，霎时快乐满溢。

3．神秘莫测的树蛙

树蛙通体草绿，眼睛红亮，肚子圆鼓，分布于亚洲东部和东南部亚热带和热带湿润地区。树蛙居住在森林中，隐蔽而神秘，恰似呀诺达热带雨林充满了神秘的色彩。于是，用树蛙作为呀诺达的景区形象代表。

景区将树蛙的形象渗入到营销、产品、宣传等每一处细节，旨在增强景区的神秘色彩，塑造景区神秘感，吸引游客。

第一，在景区内建造形态迥异的树蛙卡通形态雕塑，憨态可掬，古灵精怪，活泼可爱，惹人喜爱。树蛙雕塑广泛分布于景区各处，景区入口处有瓷质的树蛙迎客，景区内有金质的树蛙保旺财平安，更有泥塑的各种树蛙点缀在草坪中，代表如意，景区护栏的立柱之上有钢铁制成的树蛙保卫安全。

第二，景区旅游产品。以树蛙为模版制成毛绒玩偶。

第三，景区的宣传手册、广告牌、景区内彩旗上印制真实的雨林树蛙。在精美的宣传手册上，树蛙的图片彰显出神秘感。而广告牌和彩旗上印制的真实的树蛙形象，是一块吸引游客的最佳招牌。

4. 中国热带雨林的"领头羊"

世界上的热带雨林主要位于北纬23.5度和南纬23.5度之间，中国的热带雨林主要集中在台湾南部、海南岛、云南南部河口和西双版纳地区。其中海南的热带雨林资源相对丰富，保护得更加完善，是中国唯一的岛屿热带雨林。

呀诺达雨林文化旅游区就处于海南中部热带雨林区，它位于三亚市郊35公里处，是中国唯一地处北纬18度的热带雨林，是海南岛五大热带雨林精品的浓缩，是目前海南保护、开发、利用热带雨林，最具观赏价值的热带雨林博览馆，堪称"中国钻石级雨林景区"。

呀诺达是海南最早一批重视热带雨林资源的景区，堪称热带雨林开发的鼻祖。从2000年选址到2008年正式开门营业，呀诺达重视保护与开发相结合，树立了热带雨林开发的典范，在行业内深受好评，是国内热带雨林开发的旗舰。热带雨林就是呀诺达品牌营销的王牌。景区开业不到半年，即通过ISO9001质量管理体系和ISO14001环境管理体系的双认证，获得"中国最具影响力旅游景区"、"游客喜爱的海南岛特色品牌景区"的称号，独特的"呀诺达"贵宾式服务受到广大游客及同行业的一致好评，创造了海南新景区运营的奇迹，年轻的、充满朝气的呀诺达品牌已在国内外旅游界引起轰动。

二、市场拓展——审时度势，一炮而红

呀诺达从2000年开始保护资源到2006年动工修建，完成了景区的建设。

如何将这个崭新的景区推向市场，为尽可能多的人所知道和接受呢？为了迅速引爆市场，打好景区营销的第一枪，呀诺达的营销团队运用了两个主要的市场推广策略，经过时间的检验，证明这种方法是行之有效的，获得了显著的成效（见图4-4）。

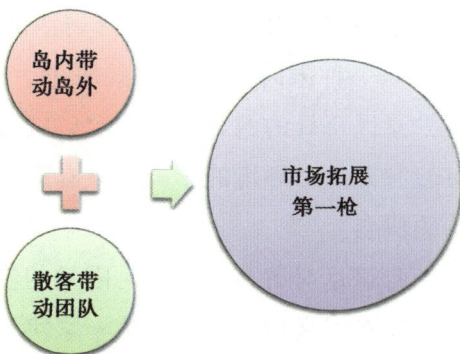

图4-4　市场拓展结构图

1. 找准市场是成功的第一步

呀诺达将整个市场划分为团队市场和散客市场两部分（见图4-5）。其中团队市场包括旅行社市场、社会导游市场、大客户市场、专项群体市场；散客市场包括当地居民市场、出租车市场、终端客源市场、境外市场。根据市场主体划分市场，不仅涵盖了整个市场范围，而且使得整个市场层次鲜明，主次分明；这样有利于根据不同的市场采取相应的市场策

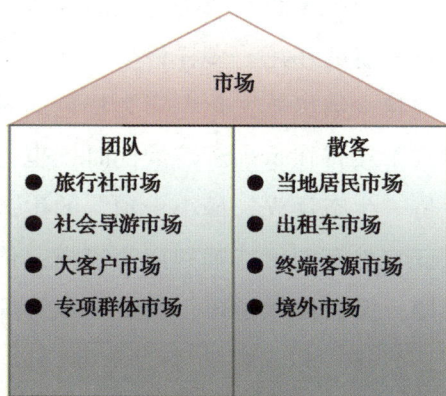

图4-5　市场划分图

略，更有利于突出重点市场，以逐级突破之势，迅速囊括整个市场。

2. 第一弹——岛内带动岛外

所谓"岛内带动岛外"策略，是指先在海南省岛内进行市场营销，当海南岛内市场推广形成一定的规模和效益，再到海南省外进行市场营销。首先在海南省岛内铺设成熟的营销渠道和营销网络，打造旅游品牌，获得市场认可，营造优良口碑，累积营销经验，再在这个基础上，延伸营销渠道和营销网络，获取更大的市场份额（见图4-6）。

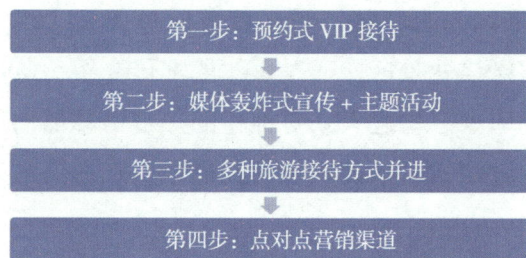

图4-6　"岛内带动岛外"策略步骤图

第一步：2008年2月，呀诺达试营业期间，预约式VIP接待。预约式VIP接待是一种限时限量预约式服务，科学分析旅游地空间容量，限制旅游人次，景区每日的游客容量固定，实行生态环境承载力控制，以此来消除、约束旅游开发对环境的影响。只有提前电话预约的游客，才能获得前来景区游览的机会。

呀诺达对游客实行限时限量的制度，是继四川省九寨沟、江西省三清山等精品景区之后，海南省第一家实行限时限量的旅游景区，此举从根本上保证了景区环境质量与旅游者的游览质量。

限时限量预约式服务是一种尝试，也是一种大胆的创新。一方面，起到保护环境的作用。多样性生态环境是呀诺达的生命线，以热带雨林风光和充满神秘少数民族文化色彩为特色的呀诺达景区也具有很大的生态敏感性。许多旅游项目在带来辉煌的同时，也往往会给环境带来沉重的压力，因此呀诺达将"生态优先，最小干预"的生态保护原则放在首位，以保护生态环境、保证自然资源可持续利用为前提，依据生态原理，形成生态环境资源保护—利用—保护良性循环，对景区统筹规划和合理开发。这一举措充分体现了呀诺达景区"以自然生态为基础，以天人合一为灵魂"的发展理念。另一方面，起到保证旅游服务质量的作用。呀诺达"限时限量"的主旨就是关注游客的游览质量，保证每位游客都能充分领略热带雨林深处的神秘、神奇和神圣，领略踏瀑嬉水的刺激和乐趣，体会空中天道的震撼和新奇，让每个游客"乘兴而来，感动而归"，通过游客深度体验的"口碑传颂"，形成品牌效应，拓展市场效益。

第二步：岛内媒体轰炸式宣传+主题活动。从2008年4月开始，在《海南日报》连续刊登文章介绍呀诺达景区。营销部门与海南各大媒体联手撰稿，从景区旅游资源、景区经营理念、景区先进科技、景区特色服务等几个维度，全方位、立体化、形象化地介绍呀诺达景区。通过媒体的宣传介绍，呀诺达在海南省人民心中留下了深刻的印象，勾起大众对神秘的热带雨林的向往。通过《海南日报》十个整版介绍呀诺达，景区地位得到提升，在海南岛旅游业内打下了基础。

借助媒体宣传，开展主题活动。呀诺达在海南岛内每月定一个主题，如根据中国传统节日开展七夕节主题活动，根据游客需求开展的婚庆主题活动，利用媒体宣传，扩大影响。丰富多彩的主题活动，灵动了景区，拉近了景区与游客的距离。

第三步：多种旅游接待方式并进。随着前几步走的顺利完成，到2008年7月，呀诺达的日接待量达到700~800人，这时，新的旅游接待方式开始推出。

第一，一日游。针对三亚市居民和住在三亚的外地游客。在三亚市区开通通往景区的大巴车，接送游客参加呀诺达一日游项目。将三亚划分为大东海、亚龙湾、三亚湾和市区四个区域， 在每个区域选取一定数量的酒店或者家庭旅馆作为联络点。游客可以在各个联络点自由地订购一日的呀诺达行程。确定好日期后，呀诺达派专门的大巴车接送这部分散客游客。呀诺达的"一日游"是海南岛内做得最成功的一日游旅游。现在日接待量是700~800人。

第二，两日游。针对海口市居民。第一天早上游客乘坐大巴车从海口奔赴三亚，下午两点半到达景区，首先参加"踏瀑嬉水"活动。经过几个小时的"艰辛"跋山涉水之后，游客到达位于山顶的露营基地。游客租借帐篷，亲手搭建帐篷。不仅有单人帐篷和双人帐篷，景区更贴心地提供适用于一家三口的三人帐篷。搭好帐篷之后，游客便可以享受"天为被地为床的从容"。宿营项目从2008年10月开始启动，景区为此专门成立了拓训部。在宿营区准备了干净卫生的浴室，方便游客洗澡。晚上六点半，天色逐渐暗下来，到了篝火晚会的时间。游客们一边享受自助烧烤美食，一边参与到竹竿舞的欢乐中来。秉承"全心全意为游客服务"的理念，景区细心地准备了扑克牌、麻将和钓鱼竿等物品，丰富游客的休闲活动。第二天早上六点游客起床，一起观看雨林中的日出。早餐之后参观热带雨林。

从海南省旅游发展格局上看，"两日游"项目拓展了海南岛东海岸现有的"海口至三亚"这一经典黄金旅游度假带的空间范围，也延伸着这个黄金旅游度假带的经济效益范围，更丰富并增值了这个黄金旅游度假带的含金量。

第四步：点对点营销渠道。呀诺达直接与海南岛内旅游商建立点对点营销渠道，把产品直接卖给旅游商。凭借呀诺达在岛内的口碑，旅游商看到了呀诺达的潜质，纷纷投来橄榄枝。呀诺达与三亚排名前十的大型旅行社长期保持着友好的合作共赢关系。呀诺达准备在海南旅游市场树立"逍遥海南尊

"贵游"的高端产品形象，成为海南旅游市场上的"领头羊"，这样的决心在很大程度上增强了合作者的信心。

为了进一步扩大市场，呀诺达的营销团队走出海南，将呀诺达的足迹留在了祖国的大江南北。如图4-7所示，呀诺达以海南岛为根据地和根基，先在岛内打漂亮仗赢得市场信任，接着以辐射状走向全国各地。2008年和2009年，呀诺达的重点市场锁定省会城市，从2010年开始，将注意力扩散到二线城市。2009~2010年，呀诺达参加北京、上海、广州等一线城市的旅游推介会，参加成都、太原、济南、郑州等省会城市的旅游推介会，参加大连、重庆、西安、宁夏等祖国东西南北的旅游推介会。呀诺达来到了祖国的首都，来到了祖国的东北边疆，来到了祖国的大山脚下，来到了祖国的海岸线边。

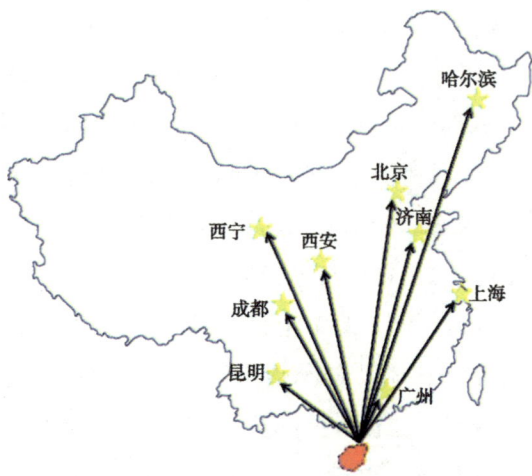

图4-7 "岛内带动岛外"政策

目前，上海、北京、江苏、浙江、东北、广东和河南市场是呀诺达主要的客源地。一方面，这些区域经济发达，旅游意识强，接受新生事物能力强，很多游客根据网上口碑和亲朋好友的口碑来到景区；另一方面，呀诺达热带雨林是一处天然氧吧，它崇尚养生和自然，优良的环境是吸引这部分游客前来避暑避寒养生的最根本原因。

下一步，呀诺达准备在首都北京安营扎寨，建设一个联络点，以北京为中心辐射整个北方市场。第一步是在北京的地铁站、报纸杂志刊登呀诺达的宣传介绍，扩大呀诺达在北京的知名度。此外，与北京、上海、南京的电视台精品旅游指南合作。预计2012年将投入印有"呀诺达"标识的旅游购物袋，与旅行社配合，免费发送给市民，让更多的市民了解呀诺达。

前"四步走"有效地推进了景区的散客数量递增,当散客数量稳步增长到达顶峰时,预示着以散客带动团队的时机到来。与旅游商建立起营销渠道之后,呀诺达迅速被推向全国甚至全世界。借助海南省旅游商在全国的关系网络,呀诺达很快被融入到各大旅行社制定的海南游旅游线路中。此时,景区的发展已初具规模,接待能力已经提升,景区服务设施完备,景区工作人员训练有素,呀诺达早已经准备好,蓄势待发,等待迎接大规模团队游客的进入。

3. 第二弹——散客带动团队

从2008年春节试营业到同年8月8日正式营业,呀诺达用了不到半年时间,从开始的每天只有十几个散客,到7月份日接待量达到700~800人,开始出现团队游客。2008年10月份又上了一个台阶,日接待量稳定在1000人。2011年游客日接待量是3000人,而最佳游客日接待量是5000人(见图4-8)。

前期呀诺达在散客市场上积极努力,依靠"一日游"和"两日游"赚足了人气。游客在呀诺达感受到了不同的服务,体验到了热带雨林的神秘。当这部分游客返回之后,把景区介绍给亲朋好友,为景区营造了良好的口碑。在这个时期,景区一边搞建设一边开门迎客,接待游客的硬件条件达不到,唯有依靠服务,用软件

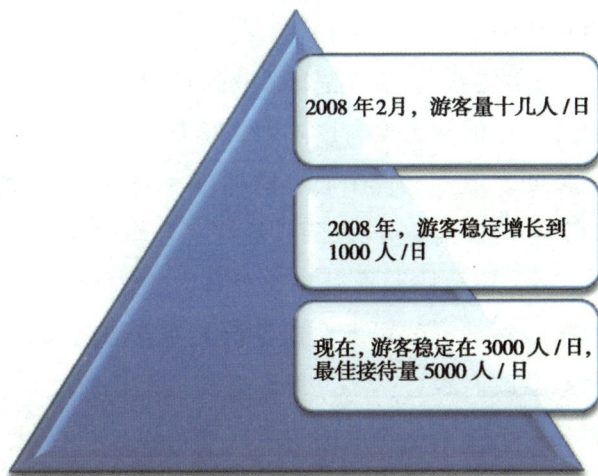

2008年2月,游客量十几人/日

2008年,游客稳定增长到1000人/日

现在,游客稳定在3000人/日,最佳接待量5000人/日

图4-8 游客量递增图

来弥补硬件设施上的欠缺。服务是市场营销的基石。不仅在开拓市场的时候,呀诺达重视与游客的关系,而且一直到现在景区运营走上正轨,呀诺达依然信奉游客至上的原则,这点会在后文详细阐述。

"散客带动团队",一方面继续拓展散客市场,另一方面开拓团队市场。散客市场和团队市场,"两手抓,两手都要硬"。

(1)不放松散客市场拓展。为积极开拓和挖掘散客市场,景区实施了

以下举措：

1）继续利用海南岛内居民半价优惠政策拓展本岛市场，结合八次主题优惠活动的开展，通过网络、报纸、电视及街头传单派发的形式推广优惠政策，以此带动海南岛内市场的人气和景区知名度，取得了很好的效果。

2）继续开通三亚一日游班车，带动散客入园。经过2008年和2009年的市场推广和成功运作，景区三亚一日游班车受到了广泛好评。一日游市场日渐成熟，全年共接待4.7万人次。

3）开通海口至呀诺达两日游班车，并与海之缘旅行社合作推广，带动海口及周边市民出游呀诺达，提高景区踏瀑戏水和露营活动的营业收入。

4）继续采用现有的五款自由人套餐，设定最低销售价格，方便旅行社、家庭旅馆、酒店礼宾部及旅游网站等进行销售和推广，利用网络优势带动散客自由人。目前呀诺达已取得广泛的市场影响，成为三亚最为热门的自由行线路之一。

5）继续与三亚各个区域的高端酒店合作打包销售，利用其市场优势，提升景区的知名度与影响力，增加景区营业收入。2010年呀诺达与三亚湾万嘉戴斯、亚太会议中心、椰林滩，大东海鸿洲埃德瑞、湘投银泰、珠江花园和亚龙湾仙人掌等8家酒店签订了合作协议。

6）积极协调推进三亚至景区旅游专线车的开通。根据海南省主要领导的指示精神，公司多次到各相关主管部门如海南省交通厅、三亚市交通局、保亭县政府跟进落实。海南省交通厅已批复海南银亚公司以专线车的形式开通三亚至呀诺达景区的营运线路。该公司已投入四辆营运车，在2011年初开通。专线车开通将进一步提高景区知名度并带来更多客源。

（2）团队是景区入园量的重要保证。2010年景区团队游客较2009年同比增长50%。为努力开拓团队市场，提升景区入园量，景区实施了以下举措：

1）积极走访海口及三亚各大中小旅行社，签订合作协议。通过2008年和2009年的良好合作，呀诺达建立起了自己的旅行社客户市场。2010年呀诺达与200多家旅行社进行了合作，有力地提升了景区入园量，推动了景区营业收入的增加和知名度的提升。

2）培训导游。呀诺达与海口导游沙龙合作举办了12期呀诺达专题培训，帮助导游熟悉呀诺达，全面系统地了解景区的发展、概况、文化和旅游资源，更好地向游客介绍景区。

3）加强与商务会议公司和经营境外业务的旅行社的合作，不断开拓高端会议市场和国际客源市场。经分析会议市场特点，呀诺达承诺为会议团队提供便利，派专人对接会议团购票、入园、用餐等，并且以较大的利润空间和优质的服务保证了游客满意度，受到了会议市场的青睐，呀诺达成为很多会议团的首选景点之一。

散客与团队的最佳比例是3∶7，在黄金周等旅游高峰时期，散客与团队的比例达到6∶4。通过一系列措施，呀诺达散客带动团队的策略得以施行，并取得成功。

三、产品创新——蓝绿互补，果真"亮"了

1999年，在三亚召开全国生态旅游年的开幕式，人们充分肯定了三亚生态旅游的资源和品质。在呀诺达热带雨林文化旅游区兴起之前，海南省的旅游产品只有海洋旅游产品，也就是蓝色旅游，比较单调。一般海南岛三日游或者四日游的旅游线路，只有海洋旅游项目，非常乏味。张晖总裁认为，开发热带雨林是一个不错的发展方向。经过深入的考察，推出绿色主题，实现蓝绿互融。海南原来所有的旅游开发都局限于海洋，即蓝色旅游，由于呀诺达的出现，旅游开发开始发生转变，目光投向森林资源，也就是绿色旅游。呀诺达试图改变海南岛单调的海洋旅游格局，挖掘新亮点新市场，给游客新鲜感和冲击力。呀诺达开发体验类旅游产品，仿照桂林古东瀑布，建立了"踏瀑嬉水"的项目。这个项目的参与性非常强。票价每人98元，包含教练一名。现在的旅游商品不足，未来将在景区内新建购物店，出售水晶等产品。

四、关系营销，讲求圆融

"圆融"是一句佛语，意为破除偏执，圆满融通。圆融是呀诺达景区秉承的理念。圆融思想不仅应用于景区开发和运营的过程中，在营销方面也体现出圆融的思想。呀诺达讲求与游客、社区居民、政府、旅行商、内部员

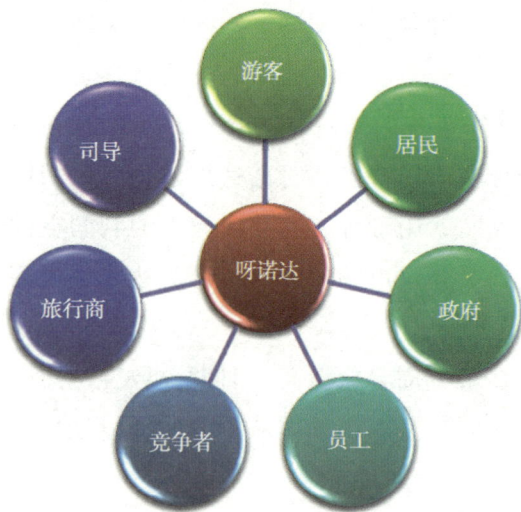

图4-9 呀诺达圆融式关系网络图

工、竞争对手、司机、导游等各个方面的协调关系，追求共赢的发展局面(见图4-9)。

1985年，美国著名学者、营销专家——巴巴拉·本德·杰克逊，首次提出关系营销的概念。所谓关系营销，是指把营销活动看成是一个企业与消费者、供应商、分销商、竞争者、政府机构及其他公众发生互动作用的过程，其核心是建立和发展与这些公众的良好关系。企业与各方采取合作的方式，实现双赢的结果，建立亲密的关系，培养顾客忠诚度，最终能够控制并消除双方关系中不利于发展的因素。

下面探讨呀诺达在市场营销中与游客、员工、竞争者、旅行商和司机、导游的关系。

1. 全心全意为游客服务

老子曰，天下大事，必作于细。

第一，在思想上重视与游客的关系。以游客需求为出发点，从细节入手，不断修正旅游产品、服务和设施，是景区营销的准则，也是景区得以做大的法则。只要是游客的要求，不管多小的要求都要重视；只要是游客的事情，不管多小的事情都是大事。

为了准确地了解游客的需求，景区的营销部门常年做游客满意度调查问卷。问卷涉及游客的满意度、客源地、游客获知景区的方式等几个维度。根据游客的需求不断修正自己的产品。

第二，根据游客需求，不断推出迎合市场的旅游产品。比如，针对"80后"新婚夫妇来三亚度蜜月、年轻人追求时尚感和新鲜感的特点，推出蜜月"时尚假期"产品。景区为度蜜月夫妻提供一条龙的服务。白天游览热带雨林景区，夫妻二人在古老的雨林中挂许愿风铃，以求得白头偕老、举案齐眉的美好的婚姻生活；夫妻二人共同参加"踏瀑嬉水"刺激的体验活动，在相互帮助和合作之下完成对自然的挑战，从而加深双方的信任、增进夫妻感情；夜晚，在雨林的平地上搭建帐篷，两人在星空与雨林营造的自然环境中，留下浪漫的回忆。

第三，根据游客需求，不断提高景区服务质量。对海口居民提供两日游和车票。只需要300元，即可完成一次神奇的两日热带雨林之旅。

第四，根据游客需求，不断改进景区设施。早期景区露营的帐篷只铺放防潮垫，游客反映太硬睡得不舒服，于是换成了席梦思床垫，并配上了枕头；游客反映晚上上夜厕太黑，于是在每个帐篷配备一把手电筒；游客反映冲凉房设施简陋水温低，于是提高了热水的温度，并配备了免费的沐浴液和洗发水。

在根据游客需求修正并改进景区的产品、服务和设施的过程中，景区积累了宝贵的经验，这为景区未来经营度假酒店，留下了宝贵的经验。在满足游客之需时，景区收到了优良的口碑，积累了丰富的经验。游客获得了满足，景区获得了收益，实现双方共赢，这即是圆融式关系营销的根本目的。

2.与旅行商互利双赢

呀诺达与旅行社、酒店、旅游经销商等都建立了牢固的合作伙伴关系。

（1）旅行商。呀诺达与海南省前十大旅行社有稳固的业务和合作关系。呀诺达被融入旅行社的海南岛旅游线路中。呀诺达用真诚的服务，获得旅行社的信任和信赖。呀诺达向旅行社提供高品位的旅游产品，旅行社向呀诺达源源不断地输送游客。

呀诺达采取"请进来"和"走出去"两种策略相结合，请旅行社来参观景区，与旅行社走出去做景区推广。

第一，"请进来"。每年，呀诺达都邀请并接待大量的全国各地旅行社客户、新闻媒体、政界人士以及旅游界相关人士来景区考察、踩线和调研，促进景区品牌的迅速宣传和推广。2010年接待了5A景区联盟、博鳌国际旅游论坛、上海旅交会国际买家团、岛屿观光政策论坛的嘉宾来景区参观考察。

第二，"走出去"。呀诺达与旅行社联合在客源地组织品牌宣传，分别参加了九洲假日旅游产品（重庆、山西太原）推介会、2010年"逍遥海南"

服务品质联盟国内巡回推广会、康泰旅行社2010年度品质联盟下半年拓展活动、海口民间旅行社"逍遥海南"服务品质联盟2010国内巡回推介会、"椰晖旅游"2010（山西太原）海南旅游产品推介会等。

（2）酒店。呀诺达与三亚的酒店建立了稳固的合作关系。呀诺达选取三亚口碑好、档次高、游客量大的酒店作为合作伙伴，酒店集中在著名的度假区和市区商业区。比如，亚龙湾的仙人掌酒店、希尔顿酒店和棕榈树酒店；大东海的银泰和珠江花园；市区的艾德瑞酒店；三亚湾的海航和万嘉戴斯酒店。呀诺达与酒店之间签订协议，互通客源，互惠互利。比如，如果在亚龙湾红树林订客房，即可赠送呀诺达景区游览。由呀诺达派车免费接送游客，全程优秀导游陪同。

"星星之火，可以燎原"，毛主席的游击战思想精髓给我们启迪，游击战在市场营销上主要体现为"小、快、灵"。通过游击战不断壮大自己的实力，使自己逐渐由弱变强。这里的游击战指的是，呀诺达不仅注重发展与大型酒店的关系，也重视遍布三亚的家庭旅馆。这些家庭旅馆虽然经营规模小，但是每年能够为景区派送大量的游客量，不容忽视。在家庭旅馆的小黑板上可以写呀诺达的景区介绍，并且游客可以预定景区的一日游项目。

（3）旅游推介会。呀诺达到全国各地进行宣传，参加现场推介会和各类型旅游交易会，利用大型旅游交易会的关注度和宣传力度，提高景区的品牌知名度和认知度。呀诺达先后参加了2010中国国内旅游交易会、第六届中国（深圳）国际文化产业博览交易会、三亚旅游局"清凉一夏文化三亚"大型旅游促销活动、2010上海世博会海南活动周旅游推广活动、2010中国国际旅游交易会等。

（4）"借鸡生蛋"。在景区新建、名气不大、营销人员数量有限的情况下，呀诺达通过与旅行商建立稳固的客户关系，借助旅行商的品质形象提升景区的品质形象，借助旅行商的客源增加景区的客源，借助旅行商的关系网络扩展景区的经销渠道。这被称为"借鸡生蛋"原则。运用这个原则有三个前提，一是精心挑选合作伙伴；二是重视客户关系维护；三是做好自己的产品。

变酒店的员工为自己的营销人员。呀诺达在合作的酒店大堂摆放呀诺达的宣传资料。景区不仅与酒店的营销部建立合作关系，还与礼宾部有很好的合作。因此，礼宾部的员工会主动向住店客人介绍呀诺达，推荐客人前往。每年由酒店礼宾部为呀诺达输送的游客，占相当大的比例。

让旅行社为自己拓展营销渠道。呀诺达将旅行社庞大的营销网络延伸为景区的营销渠道。靠旅行社为景区产品推广与宣传，这里的营销不只是靠关系，长久的营销是靠产品，好的产品是维持和旅行社的关系的关键。

危难之中相互扶持。电影《非诚勿扰Ⅱ》上映前夕，呀诺达担心，旅行商转而向热带天堂伸去橄榄枝，热带天堂景区会随着电影的上映，冲击呀诺达的游客数量和关注度。然而，由于呀诺达营销团队与旅行商之前稳固而相互信任的合作关系，旅行商已经把呀诺达当做主要的战略伙伴，并没有因此而改变或者放弃与呀诺达的合作。相反，旅行社继续不断地为呀诺达输送稳定的游客，保证了景区在危机之下的游客量。

3. 司机、导游不容忽视

国内大多数的景区，并不重视司机、导游，甚至屡见司机、导游与景区发生矛盾冲突的事件。而呀诺达非常重视司机、导游，认为他们是直接输送游客前来景区的桥梁，游客获知景区、对景区的了解大多来自司机和导游。

（1）司导休息室。在协调与司机和导游的关系的过程中，呀诺达敏锐地发觉司机和导游把游客带到景区之后，非常疲惫却无处休息，因而专门设立了导游司机休息室（以下简称司导休息室），为司机和导游提供了良好的休息环境，有专项人员负责司导休息室的运营。司导休息室内人性化地提供了睡椅、电视和饮水机等休闲娱乐设施。

强调司导餐饮，保证吃得饱、吃得健康。向司机和导游提供免费的养生自助餐，包含营养丰富、口味俱佳的菜肴、饮品和水果。司导休息室用餐环境舒适，空调开放，干净卫生，深受司机、导游的喜爱。

（2）司机/导游俱乐部。2008年开展导游积分业务网，按照司机和导游向景区输送的游客数量累计积分。当积累到一定数量时，便可以抽奖或者兑换相应的礼品。对于每年对景区有重大贡献的司机和导游，还有额外的大奖。他们获取了奖品，增加了导游的荣誉感和对呀诺达的认同度，增强了司机和导游与呀诺达的关系。司机和导游更加富有激情地向游客介绍呀诺达，向呀诺达输送游客。

（3）定期导游培训。呀诺达定期对海口和三亚的导游进行培训。培训的内容包括呀诺达的历史、发展概况、资源特色和文化。只有让导游对景区有了全面的了解，才能通过导游的讲解让游客准确地认识景区。2010年呀诺达邀请专业的老师对导游做全年培训，一年开了12个专场，并在海口举办导游沙龙。在培训中，营销部门留下主管的电话号码，此意在于当导游带团遇到问题时，只要打电话给营销部，不管是什么问题营销部都会主动帮忙解决。营销部经常遇到导游打这样的电话，旅游大巴车坏在半路了。每当遇到这种情形，营销部就会调出大巴车，前去支援。营销部用这种办法，解决导游的燃眉之急，保证游览的顺利进行。渐渐地，导游和司机特别信任呀诺达。

在呀诺达内，不仅营销部，任何接待点都重视导游。在景区员工遇到导游或者司机都会主动打招呼。员工与导游面对面交流，从导游这里发现问题，获得解决问题的途径，根据导游的意见改进景区的服务和设施。

4.全员关系营销

营销部有一条工作原则：开心生活，用心工作。意思是先照顾好家庭，再专心工作。家庭是心灵的港湾，家和万事兴，家庭幸福，工作才能开心。呀诺达重视维护与员工的关系，让员工满意，也就是让游客满意。

5.知己知彼，百战不殆

面对竞争对手，景区秉承圆融的理念，以共赢为前提，以知己知彼为保障。孙子"不战而屈人之兵"的观点，渗透到了景区的市场竞争法则中。面对竞争对手，避免正面进攻，要寻找最有利于发挥自己的资源优势、减少投入成本，回避对手的强项而利用其弱势的方法来瓦解竞争。

面对竞争，一味地拼价格、拼成本是愚蠢的，并且是对资源的浪费。重要的是通过不断地创新，不断地开发新产品，不断地改进服务质量，保持自身的优势，甚至通过联合与分工合作，实现双赢。

（1）资源禀赋相同——做最好的自己。随着呀诺达热带雨林主题成功运营，类似的热带雨林主题景区相继开张营业，形成竞争态势。面对竞争，呀诺达处变不惊，认真分析市场，以不变应万变。张晖总裁曾指出，保持呀诺达的游客量不变，就是获得了竞争优势。

1）对热带天堂，审时度势，明察秋毫。热带天堂是电影《非诚勿扰Ⅱ》的拍摄地。在热带天堂未开业之时，呀诺达就已经认识到会有竞争并对未来的竞争做出预测。可谓审时度势，明察秋毫。随着《非诚勿扰Ⅱ》的热播，热带天堂的知名度越来越大。呀诺达营销团队意识到，同样是经营热带雨林主题的热带天堂是景区的一个非常大的竞争对手。呀诺达认真分析自身与热带天堂的优劣势，认清竞争的形势，挖掘自身的可竞争优势，强化与旅行社、酒店、游客等多方面的纽带关系。

通过认真的形势分析（见表4-1），呀诺达认识到，热带天堂位于三亚亚龙湾，区位条件好，交通可进入性强，受司机和导游的欢迎。但是，呀诺达资源条件好，有丰富的古木等资源，并且比热带天堂更早地进入市场。虽然有交通不便、景区游览耗时长等缺点，但是只要呀诺达坚持自身的品牌，保证自己的高品质服务不变，保持自己的产品品质不变，相信自己，依靠良好的口碑和品牌就一定能够获取竞争优势。经过仔细的对比分析，呀诺达发现，热带天堂的开业大多是把海南旅游市场分流，对呀诺达的客源分流效果不明显。果然，在2009年，呀诺达的游客量平稳增加，达到了预期的目标。

表4-1　呀诺达与热带天堂的对比

	呀诺达	热带天堂
地理区位	保亭，距离三亚30公里	亚龙湾，区位条件好
交通可进入性	弱	强
资源	典型的热带雨林，丰富的古木等资源	非热带雨林形态
知名度	2008年开业，进入市场的时间早，深受海南岛内外游客欢迎	2009年开业，《非诚勿扰Ⅱ》热映，通过影视营销，知名度大增

2）与槟榔谷——化竞争为合作。槟榔谷景区位于甘什岭自然保护区内，两边森林茂密，中间是一条连绵数公里的槟榔谷地。景区由原甘什黎村、原

始雨林谷和原蚩尤苗寨三大板块构成，是一个多民族、多文化、多形态的，集观光游览、休闲娱乐、文化展示为一体的多元型复合式旅游风景区。

呀诺达与槟榔谷同属海南省旅游中线的两个产品，呀诺达侧重于热带雨林，而槟榔谷侧重于原住民（黎苗文化）和热带雨林。虽然槟榔谷位于热带雨林，并开展热带雨林旅游，但是它的旅游开发远不及呀诺达，并且它的侧重点是黎苗文化，因而两个景区区分度明显，可以互补。于是，呀诺达当机立断，采取合作的方式，与槟榔谷互借客源。

3）对五大热带雨林——坚持向度假层面的蜕变。海南的五大热带雨林指由五指山森林区、霸王岭森林区、尖峰岭森林区、吊罗山森林区和黎母山森林区组成的五大热带雨林、季雨林原始森林区。与呀诺达相比，五大热带雨林的雨林资源更加丰富，生态环境更加优良。但是经过市场分析，五大热带雨林交通不便，未合理开发，可进入性差，市场定位是喜爱户外的游客，不对呀诺达构成影响。虽然政府未来有意将五大热带雨林打造成酒店度假地，但是，面对竞争，呀诺达提出坚持做好自己，不断推出新的旅游产品，完成从观光上升到度假层面的蜕变，成为热带雨林品牌的精华。

（2）资源禀赋不同——"嘴边分食"。"嘴边分食"是指，从其他旅游景区的客源中分流一部分到呀诺达。

对于与呀诺达资源禀赋不同的景区，呀诺达充分利用自身热带雨林景区的特点，通过多种优惠方式延长环岛东线旅游线路，从天涯海角、南山、亚龙湾、蜈支洲岛等旅游点吸引旅游者；采取灵活手段吸引三亚市内、海南岛内的旅游者。使用这种策略，首先，需要充分认清呀诺达雨林文化旅游区强于相邻景区的竞争优势是：生态环境、特色饮食、雨林文化、养生文化、黎苗文化及其综合功能和优质服务；其次，必须大力加强广告、公关促销，采取灵活的优惠政策，并根据市场的需要，安排好进出园区的交通车辆。

第五章 呀诺达经营与管理

海南旅游在快速发展、在迅猛崛起、在展翅腾飞，在引领着中国旅游业走向国际竞争大格局的新的境界。未来的日子，世界的旅游看中国，中国的旅游看海南，海南的旅游看三亚，而三亚的旅游则是大三亚旅游圈的形成。

恰恰，就在这大三亚旅游圈形成的进程中，"蓝海"与"绿潮"相融，中部与东部呼应，其中最重要、最为突出的标志，就是代表海南，乃至中国热带雨林文化旅游特色的，又一个大型生态文化旅游园区——"呀诺达"雨林文化旅游区的出现。

"呀诺达"得天独厚，"呀诺达"适逢盛世，"呀诺达"，使建设者的独具眼光和匠心，与历史的发展和机遇，在这里圆融相聚。

2008年9月，中国旅游品牌年会授予呀诺达景区"中国最具影响力旅游景区"。

2008年11月，呀诺达景区顺利通过了ISO9001质量管理和ISO14001环境管理双体系认证；同时，被评为"游客喜爱的海南岛特色品牌景区"。

2009年底，呀诺达景区游客接待量突破100万人次。

2010年1月17日，呀诺达景区入园人数达1万人次，创单日游客量历史新高。

是什么因素，使呀诺达能够在这么短的时间内执海南旅游市场之牛耳？呀诺达管理层一致认为，这是因为呀诺达更专注于运用军事化管理方式，同时融入快乐管理理念，才能为游客提供更优质的服务，造就今天的辉煌。

"呀诺达！""呀诺达！""呀诺达！"景区入口，每一位员工用他那独具感染力的"呀诺达"V字礼让游客们迅速融入身边的雨林美景和温馨灵动的服务中；"呀诺达！""呀诺达！""呀诺达！"景区出口，游客们带着欢畅的笑脸举起右手，互相问候着，员工们拿着"呀诺达"这条接力棒成功地将自己的快乐和热情传递给了游客，送给他们一天充实开怀的体验，呀诺达人每时每刻都在用实际行动展现着呀诺达精神。

第一节 战略——理念改变命运

每天早上7点15分，呀诺达景区广场上便准时传来整齐而洪亮的声音，"以身作则，共启愿景，挑战自我，使众人行，激励人心！"700名员工踏着晨露，分部门井然有序地进行早操方程式训练，各自展开每天例行的礼仪、口号、语言培训以及例会。天空似乎刚睁开眼睛，但员工们个个已经整装待发，精神抖擞，迫不及待地开始一天热情的服务（见图5-1）。就是这样一支严谨而又快乐的队伍，将自己一早储备好的热情送给即将到来的客人，让游客乘兴而来，感动而归。

图5-1 呀诺达早例会

是什么样的管理，让这700名来历有别、性格各异的员工始终如一地抱着同一颗为游客服务、为企业奉献的心工作呢？透视它的管理理念，我们看到了——呀诺达利用准军事化的管理过程，同时塑造让员工快乐的管理氛围，以实现游客、员工、企业的圆融为宗旨，从而达到了让游客感动而归的管理目标。

一、过程：军事化管理——令行禁止，快速反应

有句名言称："世上最优秀的管理在军队"，呀诺达700名员工的精神面貌便是通过准军事化标准训练出来的，由以北京国旗护卫队标准培养出来的高素质军人管理团队，创新设计出一套系统而个性化的军事化管理方式，700名精神抖擞的员工队伍便齐刷刷地站在一起，向游客展示一种形象、一种心态，形成一种作风、一种战斗力。

1.令行禁止，快速反应

"令行禁止，快速反应"是军事化管理中最核心也是最基础的一条准则，并巧妙结合了服务业从业人员应该具备的服务特质，形成了这条呀诺达员工的行为准则。令行禁止，是执行力的最直接体现，可以大幅度提高工作效率，同时培养团队精神和工作氛围。快速反应，一方面体现了员工的行事作风，做事情要迅速果断、雷厉风行；另一方面也是服务业从业人员的重要素质，服务过程中每个细节的处理都有可能影响到游客的体验质量，但服务同时有一个很难处理的特性——易变性，每次面对的都是不同类型的人、不同的情景，这就要求从业人员具有高度的灵活性和责任感，面对不同的人、不同的情况灵活处理问题，在危机发生的第一时间快速解决，利用这种工作素质弥补给游客带来的不满，超出游客期望。

> 服务行业实际上是我们为了减少和避免等待所发明的行业。如果这个行业仍然在令人烦恼地让我们等待，我们能够容忍吗？我们不能容忍。因为我们为接受服务付出了代价。快速反应是服务的普遍规律，任何一种服务行业都毫无例外。

　　呀诺达的每一位员工已经将这条准则很好地贯彻到工作中的每一个细节，从而练就了一支高执行力、灵动活泼的员工队伍。游客有任何合理请求，马上为您办好；每个任务传达下去，听到的都是很干脆坚定的回答："是！""好！"公司高管召集下属各部门召开临时会议，没有一个人迟到；公司创业初期，一个人完成几个人的工作是很正常的事情。

　　值得注意的是，呀诺达的"令"是游客对企业任何一位员工的"令"，这样的宗旨体现了呀诺达员工团队的服务秉性，企业里的任何一个人，做的任何一件事情都是为了让游客能够得到更满意的服务，不管是游客直接对员工的"令"，还是管理者为了解决某个问题对员工的"令"。这样的理念不仅塑造了正确的服务目标，同时很好地避免了军事化管理中权力过于集中导致的员工话语权丢失问题。这是呀诺达在军事化管理方式的基础上，结合现代服务业特征和现代企业管理方式的一个绝佳的理念创新。

　　2. 全面培训，随时学习

　　如何很好地做到"令行禁止，快速反应"呢？重要的就是培训，这样才能建立一种知识传递、技能传递、标准传递、信息传递、信念传递体系，让企业文化、行为准则、价值标准得以很好地践行。要把因员工知识、能力不足和态度不积极而产生的人力成本的浪费控制在最小限度，实现企业愿景，使员工达到自我实现的目标。

　　接收知识、技能和信息等的途径远不止培训这一种方式。现代企业发展已经进入第六阶段——全球化和知识化阶段，这个阶段的企业将变为一种新的形态——学习型组织。在系统的培训之外，还需要培养员工们随时学习的文化氛围，让他们抱着"三人行必有我师"的精神，在工作中随时观察、反思和学习，例如，员工向主管学习业务，员工向员工学习待客之道，等等。这样，培训的价值可以更大化地发挥，可以建立起一种互相学习、互相影响的工作氛围。

> 　　在这个伟大的时代，文盲不是不能读和写的人，而是不能学、无法抛弃陋习和不愿重新再学的人。
>
> 　　　　　　　　　　　　　　　　　　——奥文·托佛勒

呀诺达的员工要接受的培训包括职前培训、在职培训、专业培训三种。

职前培训：由人力资源部负责，内容为：①景区概况、公司简介、组织架构、人力资源管理规章制度；②企业文化理念；③热带雨林知识；④员工服务礼仪；⑤工作要求、工作程序、工作职责说明等。

在职培训：员工不断地研究学习本职技能，各级主管应随时施教，提高员工能力。

专业培训：视业务需要，挑选优秀的员工参加培训机构的专业培训，他们回公司后将学习的内容传授给其他同事；或邀请专家学者来公司做专题培训。

其中，每种培训都会有规定的时间和频率要求，员工要严格执行。尤其是在职培训，关乎一个员工能否快速进入工作状态。呀诺达的主管级以上的员工很重要的任务之一便是对基层员工进行定期或不定期的业务培训，亲自制作PPT培训课件，并随时学习新的业务知识，增长见识。同时，基层员工也非常认真地随时观察学习，很快便熟悉业务，提高了整个团队的工作效率，没有一个人愿意拖团队的后腿。

呀诺达总经理张涛在谈起这个培训的时候，自豪地指向了餐饮服务部的一位员工，"你看我们的员工，站姿多正，跟其他景区员工的精神面貌绝对不同！"呀诺达员工的站姿是严格按照军事化训练的那套站姿标准培训的：全身笔直，精神饱满，两眼正视，两肩平齐，下颌微收，挺胸收腹，腰背挺直，整个身体庄重挺拔。

"最近低碳旅游好像火起来了，咱们景区的很多服务和设施都挺符合这个理念的，待会儿和游客讲解的时候，可以多给他们讲讲这个新名词，顺便也宣传一下我们呀诺达！"这是导游服务部某个早会中，经理在给员工讲解低碳旅游在景区里面的体现，以及员工应该如何向游客灌输"低碳旅游"概念。

3. 明职尽责，持之以恒

许多人都曾为一个问题而困惑不解：明明自己比他人更有能力，但是成就却远远落后于他人。不要疑惑，不要抱怨，先问问自己：在自己的工作领域，是否做到了尽职尽责？尽职尽责会让你成为企业不可或缺的金牌员工。无论你身居何种岗位，如果能全身心投入工作，最后就会获得成功。那些获得成功的人，一定是在某一特定领域里进行过坚持不懈努力的人，一定是摆正自己的位置、忠于自己的组织、对工作尽职尽责、适时给自己"充电"的人。

作为一个企业，如何让员工都能够尽职尽责呢？管理者的标杆很重要，进一步来讲，对管理者的考核很重要。尤其是在旅游行业，基层员工学历都不是特别高，管理者的作风和气场对他们的影响至关重大，部门经理的行事风格可以直接影响到整个部门团队的工作成果和态度。

> 一个人若是没有热情，他将一事无成，而热情的基点正是责任心。
>
> ——列夫·托尔斯泰

呀诺达物流中心的默经理自2008年呀诺达开业以来，一直负责整个企业的各项采购工作，本着严控各项成本的原则，尽职尽责，保证企业各项物资及时供给。默经理从一个门外汉开始，不断从理论和实践中学习，历练到今天的专业的物流管理从业者。默经理的这种工作态度影响了部门的员工们，他们跟随经理不断学习，提高自己的询价技能和其他业务能力，在如此大的工作强度下一直保持着工作热情，做企业坚实的后备军。

4.灵活高效，沟通无障

制度化、规范化不代表服务的全部，任何事物都有其两面性，要用辩证的观点来看待事物，要一分为二地看问题和灵活地处理问题。军事化管理风格被运用到企业中时，需要因地制宜地创新，因为我们的服务是"一切为了游客，为了一切游客，为了游客一切"，作为服务者，必须根据现实情况随机应变，做到整体服务上的规范完整和细节服务上的灵活机动，才能提高工作绩效，赢得游客的满意和赞许。

另一个在军事管理方式上的创新是要沟通无障。管理沟通渠道主要有向下沟通渠道、水平沟通渠道和向上沟通渠道三种。目前，呀诺达都已具备。

向下沟通渠道，即层级较高者向层级较低者传送各种信息。一方面，可以增加员工对景区工作的参与感及员工的归属感；另一方面，可以协调组织内部各个层次的活动，使景区服务活动正常有秩序的进行。目前，呀诺达的向下沟通渠道主要是部门会议和部门培训，经理及时将获得的信息传递给员工，保证他们了解情况，互相配合工作。

水平沟通渠道，即在景区组织系统中层次相当的个人及团体之间所进行的信息传递和交流的渠道。景区是一个整体，一个系统，只有协调一致，才会有好的服务质量。因此，水平沟通也非常重要，目前，呀诺达的水平沟通方式是每周一次的部门经理会议和针对具体事务的非正式沟通，保证一些需要各部门协调的工作能顺利完成；同时，会针对一周内景区管理中出现的问题进行讲评，督导专员以PPT形式进行曝光，然后讨论并限期整改。

向上沟通渠道主要是指景区员工和基层管理人员通过一定的渠道与管理决策层所进行的信息交流渠道。它有两种表达形式：一是层层传递，即依据一定的组织原则和组织程序逐级向上反映；二是越级反映，即减少中间层次，让决策者和团体成员直接对话。这样，员工可以直接把自己的意见向上反映，以培养员工的归属感和团队意识。呀诺达目前还是层层传递的形式，正在加强非正式沟通渠道的实施。

相信通过这几级沟通渠道的逐渐畅通实施，呀诺达的沟通无障会创新性地为其节约沟通成本，具备和高执行力一样的效用，使管理更加如鱼得水，员工得到尊重，领导者避免成为"孤家寡人"。

5. 轮流值班，锻炼干部

《吕氏春秋》中有这样一句名言，"流水不腐，户枢不蠹，动也"，意思是说事物在不停的运动中才能有效抵御外部的侵蚀，保持自身的新鲜与活力。企业管理层轮值交流，以岗位调动、变换工作环境的方式锻炼干部，以期提高管理干部的工作积极性以及能力素质。

首先，它可以提高工作效率，是激发干部队伍活力的有效途径。管理者能力的提高，不仅靠知识积累，更要靠实践创新。轮流值班，能使管理者随时接触新的知识、遇到新的问题，变工作压力为学习动力，调动其工作积极性，适应新的工作环境，从而使整体素质得到有效提高。

其次，它是配置人力资源的重要环节。有利于优秀人才脱颖而出和有效使用。轮值能够让肯干事的有岗位、能干事的有舞台、干成事的有地位，形成人尽其才、才尽其用、能上能下、充满活力、激励竞争的科学用人机制。

最后，轮值是监督管理者、防止怠惰的重要手段。轮值有利于发现和打破由于长时间在同一岗位、同一工作领域而可能形成的保护关系网和利益纽带，防止不正之风。

呀诺达经理级以上的管理者轮流做值班经理的制度一直延续着，值班经理的职责主要是在任期内决策并处理轮值所在部门的突发事件，熟悉部门工作内容，并积极发现问题，最后以工作总结等形式反思自己的轮值经历，将经验教训运用到今后的管理中，提高自己的管理水平和业务能力。轮值制度形成了一种互相监督的工作氛围，像一种换血机制，保持人力资源时用时新。

6. 管理自己，感染同仁

军事管理中有一个很重要的特性是士兵的自我管理，依靠士兵个人，通过自我约束、自我管理的方法，体现士兵的主人翁精神，这是充分挖掘士兵内在动力的一种更高层次的教育管理形式。

呀诺达的创新管理方式也充分利用了这点。重视对员工自我管理素质的培养，从点滴入手，着眼于培养人和塑造人，而不只是单纯地把人管住、控制住，将培养提高员工的自我管理能力作为提高企业战斗力的基础工作，力争达到员工工作和生活一个习惯，对内和对外一个作风，对上和对下一个态度。例如，最基本的整理内务，保持军队的风格，营造一种互相感染、互相影响的工作和生活氛围。让员工在工作的同时，形成很好的立身做人风格，在工作和生活中同样都做有所成、学有所获。

7. 全员督导，限期整改

军事管理中，日日有总结、周周有总结、月月有总结、事事有总结。通过不断的总结，发扬优点，及时改正缺点，形成经验，不断地用于今后的工作中，提高工作效率、工作质量，进而提升战斗力、执行力。一个成功的企业、一个成功的员工应该是一个勤于总结并能从总结中汲取经验教训的组织和个人。尤其是服务业，实践经验可以避免很多问题的发生和恶化，服务讲究细节，任何一处微小的疏漏，都有可能降低游客的整体体验质量。全员随时保持紧张，灵动活泼地提供服务，定会大幅度改变游客对景区服务的整体感观。

已经通过双重管理体系认证（ISO14001环境管理体系认证和ISO9001质

量管理体系认证）的呀诺达在这方面自然毫不逊色。

呀诺达的员工都有个习惯，互相"挑刺"，任何一位员工遇到同事有违反工作制度或者表现与公司文化不符的情况，都会及时指正，这样就形成了一个"人人去监督，人人受监督，受人人监督"的工作督导习惯，提高了每位员工工作的紧张感和主人翁意识。

同时，为了让这个好习惯赢得更好的效果，呀诺达制定了一套监督方案，即每个部门经理级的员工都会被定期安排到其他部门进行轮值，发现其他部门工作中存在的问题，在每周部门经理会议的讲评上提出，并通过各部门的沟通协调，设计出整改方案，形成一个"及时发现问题、提出问题、限期解决"的监管考核制度。这样又构成了部门与部门之间的互相监督，逐步塑造了一种内部竞争与合作的机制，以此增强部门内部的凝聚力与责任感，加深部门之间的沟通交流，使信息不对称造成的负面影响减到最小。

大家一定以为以上两个制度足够形成震慑力了，但呀诺达觉得还不够。为了监督工作更为系统化，呀诺达将督导工作划为"兼职"和"专职"两个部分，不仅有上面的两个"兼职"，还设置了"督导专员"这一专职，每月抽取三人一组对景区各项管理进行监督，负责拿着摄像机，干"偷拍"的事儿，趁员工违规的时候，瞬间抓拍，月末讲评会集中曝光，各部门经理自己认领自己"犯错的属下"，督促其在日后的工作中加强对员工的培训和管理，减少曝光率。当然，最终是为了全面提高整体的服务质量，达到"无一人懈怠，无一分偷懒"的服务习惯，狠抓细节，不疏漏对每个游客的精致服务。

8.快乐工作，感动游客

大家都知道有一首歌"没有吃、没有穿，自有那敌人送上前，没有枪、没有炮，敌人给我们造"，这是多么乐观的精神。在那么艰难的环境中，革命军人的艰苦奋斗作风、积极向上的朝气多么让我们敬佩，这就是我们要学习的榜样。向军人们学习，工作着并快乐着，我们企业也是一样，应该在建立各项制度中，让员工在工作中感到心情愉快；军事化管理和快乐管理并不冲突，只要分清军队与企业的差异，顾及员工的切身利益，利用完善的绩效考核和人性化管理满足员工的物质和精神要求，从而使他们的积极性和责任感得到提升，再加以培训渲染，快乐工作氛围就能自然而然地形成。

呀诺达的管理团队充分意识到快乐工作的重要性，从景区建设初始就给快乐管理的成功实现设计了一套理念体系：执行军事化管理，同时要把优良的军营文化和圆融文化有机结合，塑造"令行禁止，快速反应"、"超越游客满意"的快乐服务管理团队，并融入"以身作则、共启愿景、挑战自我、使众人行、激励人心"的快乐领导力五要素，以人为本，通过"发现、培养、反馈、激励、考核、评价"的人力资源开发与合理利用，建立科学用人、快乐管理发展观，以企业持续发展为方向，以个人进步发展为目标，铸造一支精诚合作、精兵强将的旅游管理精英团队。

我们可以从他们的表情和笑脸上看到这种理念培养出的员工素质。"呀诺达"V字礼不是机械的、面无表情的，而是带着真诚的微笑对每一位游客表示热烈欢迎的。员工与员工之间也毫无例外，互相之间的问候都洋溢着欢畅与温馨。就这样，员工们把他们的这份快乐传递给了游客。很多游客在游道上遇到其他游客或员工，都会很高兴地举起右手，来声响亮的"呀诺达"问候，好似在告诉对方："来呀诺达游玩很开心啊，你觉得呢？"

9. 人人公平，共同为赢

军人为何人人都能够如此忠诚无私呢？因为军队的思想政治工作做得好。他们具有强烈的保家卫国的使命感，因此通常对他们的精神激励更为重要。也就是说，军人这个身份满足了他们的精神需求。同样，我们需要员工对企业也能够有这样高度的责任感和使命感，那就需要满足员工的需求，但他们不同于军人，有更多的物质需求，这是生存所必需，所以，对员工的激励很大程度需要体现在绩效考核上。

但利益，永远是个敏感的话题。呀诺达利用能够体现"人人公平，多劳多得"的绩效考核、目标管理和预算管理体系打破这个尴尬。例如，导游部的员工，他们是没有基本工资的，完全根据带团数量和服务质量决定其绩效，结合个人素质考核进行的综合积分，从而决定最终工资。所以，导游服务部的员工们，工资多则5000元，少则2000元，个个都积极认真、快乐工作。因为他们明白，自己的一举一动是和自身利益密切相连的。无法用经营绩效衡量的后勤部门，则更注重在平均工资水平上，进行严格的预算管理和目标管理，通过成本控制返利，让员工清楚，省钱也是赚钱的一种方式。

同时，通过统一、公平的管理和绩效考核，还可以克服由裙带关系带来的隐患。让隐患变为益处，反而增强凝聚力，减少员工流失率。

利用"人人公平"的绩效考核管理满足了员工的需求，这还只是第一步。著名经济学家毛仲强曾说过："现代企业管理的重大责任，就在于谋求企业目标与个人目标两者的一致，两者越一致，管理效果就越好。"越来越多的企业意识到，企业最宝贵的资产乃是有创造力、高绩效的员工。下一步，我们该怎么做呢？

从企业和人才的需求平衡上看职业生涯规划，在帮助员工发展中发展自己。职业生涯规划不是企业的"福利"，而是企业的责任，企业要发展，要做到百年老店，要做成行业老大，企业的所有者和经营者必须要改变观念，不能再把员工仅仅看成是打工者，而应当把员工看成是关系到企业成败的战略合作伙伴。当员工清楚地知道自己的发展方向，有明确的目标与期望值后，会激发他们的热情与创造力，激励他们克服困难来提高企业的绩效。为企业进行职业生涯规划，也是达到企业和员工共赢的局面、激励员工和留住员工的一个措施。很多情况下，企业赢得员工敬业和奉献精神的关键就在于，能否为自己的员工创造条件，使之有机会获得一份有成就感和自我实现感的职业。通过职业生涯规划，企业能更全面地了解员工的兴趣、爱好、理想，可以根据员工的职业目标和现状安排员工的培训，使员工看见他在企业的成长方向和成长空间，使个人职业目标和企业目标统一起来，从而调动员工的积极性，提高员工的敬业度；让员工的工作满足来自其职业生涯的发展，企业则能达到自身人力资源需求与员工职业生涯需求之间的平衡，创造出一个高效率的工作环境和引人、育人、留人的企业氛围。企业帮助员工搞好职业的发展，就能通过个人发展愿望与组织发展需求的结合实现企业发展，达到企业目标。

相关链接

企业军事化管理

企业军事化管理是指一个企业把军队的管理方法、管理模式及管理经验作为借鉴，并把这些方法、模式及经验与现代企业管理相结合，有效地运用在企业的各项管理工作之中；同时，用军队的管理思想去教育和引导员工，有效提高企业员工的执行力。实施军事化管理的目的就是增强团队的凝聚力、执行力和战斗力。

1.军事化管理是提升执行力的基础。

2.军事化管理是执行力的有效保证。

3.向军队学习，建立快乐型的组织是提升执行力的有效手段。

4.向军队学习，及时总结工作经验教训，不断提高执行力。

总之，要通过军事化管理，使得企业员工像军人一样形成：

（1）一切行动听指挥，上级的指示就是命令，命令如山倒。执行命令坚定不移，不发牢骚，不讲价钱。

（2）行动迅速果断、雷厉风行。

（3）敢于克服一切困难，具有知难而进的勇气和气概，具有"野狼精神"和"亮剑精神"。

（4）工作讲究计划性、周密性、细致性、程序性、规范性、严谨性。

二、团队：快乐管理——从劳动契约到精神契约

现代人生活过得越来越好，可是，国人却发现，在高物质、高消费背后，自己的幸福感在逐渐流失，快乐也渐行渐远。社会心理学家怀特访问了178个国家和地区的8万多民众，推出了全球第一张"世界快乐地图"。令人惊奇的是，排在榜首的竟是丹麦。丹麦是个冰天雪地的国家，即使国土最南端，纬度也在中国黑龙江省以北。而且丹麦还是个高税率国家，人民收入的50%~70%要缴税。既然如此，丹麦人民的快乐指数为什么还远远高于其他国家和地区呢？丹麦虽然税率高，但丹麦政府最终能做到"还税于民"。政

府承担了所有国民的医疗和教育费用，对老人和孩子的照顾更是无微不至，人均支出世界第一。扬·迪翁以捡垃圾为生，他说，他不介意自己的谋生手段，因为他每天只需工作5个小时，其余时间都可以与家人在一起。没人对他的职业评头论足，他热爱生活，因为他有很多朋友。每当看到孩子们向他挥手，或者老伴儿递来一杯热咖啡，他都感到无比快乐。因为快乐让他充满自信和力量。

扬·迪翁的快乐让我们很羡慕，在这个利欲熏心的时代，似乎我们无缘与快乐工作相伴，生活幸福也因此受到牵连，我们可以拥有这种快乐吗？呀诺达用它在管理中处处体现的快乐和爱告诉我们，我们一样可以快乐工作、幸福生活！

呀诺达明白，要让员工快乐，才能真正做好管理，因为：人性是追求快乐的，人们倾向于选择更快乐的体验，只要快乐就能产生伟大的力量！那么如何让员工快乐呢？呀诺达管理团队基于多年的管理经验，外加"人人都是兵"的军事思想素养，进行巧妙移情，充分考虑了员工各方面的需求：从最低层次的生理需求到最高层次的自我实现需求，让每个员工意识到自己的价值和归属所在，而且对未来充满信心和希望。

1. 呀诺达让员工快乐——欢快工作，幸福生活

我们不能奢望让一个饿着肚子的员工在工作中获得幸福，让员工快乐的一个基础就是给他们提供一个好的工作环境和氛围，要从物质条件和精神因素着手创造。

物质条件主要是满足员工生理与安全需要的一系列因素，诸如基本工资、工作条件与工作设备等，让员工有能力解决自己的衣食住行问题，或者直接帮他们解决这些问题。

精神因素主要包括领导者个人因素、工作制度与工作氛围等。这里尤其要提到的是领导者个人的理念、价值观，这些因素会直接影响员工对企业的价值判断。员工会从一个优秀的领导者身上看到企业的希望，看到自己在企业中的希望。如果员工遇到一个糟糕的领导者，他们感到失望的不仅仅是对领导者自身，而且会把这种失望的情绪转嫁到工作中，从而对企业感到失望。工作制度是企业一向的行为标准，员工一般会以工作制度来评判工作的特征。

在军事化管理配合双重管理体系制度下成长起来的呀诺达员工，那种独具感染力的热情和快乐不是徒有虚名的。有良好的工作环境做基础，免费的衣食住做保证，多劳多得的薪酬制度做基本激励，独具人格魅力的管理团队做支撑，解决了员工的后顾之忧，员工的积极性因此自觉产生，再辅以相关培训，就不愁有一个快乐、积极、热情的工作氛围；快乐工作对于呀诺达员工来说，来得简简单单，行得潇潇洒洒。

下面是一些员工的深切感受。

"公司为我们提供的条件在海南同样的行业中已经不错了，况且呀诺达处在县城，花费不高；和同事们都很合得来，像一家人一样，经理从来不会摆架子，非常关心我们，有大小问题都主动替我们想办法，心里添堵还可以找他们聊天，经理很会开导人。"

"这套军事化管理模式让我很快乐，我好像一下子年轻了好几岁，而且每天可以学到新的东西，和这么多意气相投的人每天一起开心工作，是我从业生涯以来最充实快乐的一段时光！"

"公司现在处在创业期，肯定很累，但是这种累是值得的，让你感觉很充实，有奔头，看着它一天天长大，游客越来越多，我们心里很开心，我对公司未来的发展很有信心！"

呀诺达作为"家长"，管得很"严"，也管得很"宽"。它深知让员工工作快乐是远远不够的，有条件就得深入他们的生活，让他们对生活也感到幸福。解决了员工的后顾之忧，他们才能更专心地完成工作和发展事业，做好呀诺达的主人。呀诺达有一批员工是附近的村民，一直以来过着靠天靠山的清贫生活，呀诺达进驻之后，便吸引当地居民到呀诺达工作，解决了他们的收入不稳定问题，而且呀诺达还给村里的老弱病残每月发放300元的生活补助；给考上大学的学生家庭每年补助5000元，把他们当做自己的家人，把他们家的事情当做自己家的事情。有这样的管理，难怪员工们会感受到生活的幸福！

2.员工让呀诺达快乐——饮水思源，捷报连连

饮水需思源。快乐的员工拥有强大的力量，呀诺达三年的捷报连连就可

以说明这股力量带来的收获。

快乐管理培养出的员工工作的源动力已经发生了本质改变，他们认真工作的目的从获得报酬逐渐转变为对呀诺达的责任感和使命感。这样的员工就是呀诺达要培养的感召型员工、快乐型员工。这种转变对于任何一个企业来说都是福音，在硬件设施条件差距越来越小的今天，各项技术、资源的获取都逐渐摆脱信息不对称，企业成功的核心竞争力最终还要靠人才，尤其是具有责任感和使命感的人才。因为责任感和使命感会让员工将工作与自己的情感联系在一起，他们会对自己提出更高的要求，会主动寻找并发现在原有的框架中是否有可以改进的地方，他们是企业创新精神的来源，因此是竞争优势的来源。

呀诺达利用快乐管理去感染员工，让他们将工作视为一种兴趣，而不是成为工作的奴隶，被工作所控制。

呀诺达利用快乐管理去培训员工，让他们可以提高自己的工作能力，同时感到自己在企业中是受到重视的。

呀诺达利用快乐管理去满足员工，让他们重新去认识工作的意义，提高认知水平，对工作本身形成高的价值判断。

呀诺达利用快乐管理去爱员工，在爱的基础上，军事化管理这一系列公平的制度上升成为情感上的共鸣，让员工感觉到自己的价值不但在企业中得以实现，而且被企业所认可。

3. 员工和呀诺达共同快乐——圆出工作梦想，融入美好愿景

员工和呀诺达共同成长、共同快乐，这个过程充满了爱，这个快乐管理的过程激发了员工和企业的潜力，让各自想对方之所想，做对方之所想，达到了个人与企业的责任统一、个人与企业的使命统一、个人幸福与组织目标的统一，让员工圆了自己的工作梦想，让呀诺达走向它的美好愿景。

人们总是倾向于接近喜欢的东西，躲避不喜欢的东西，工作中的快乐让员工们愿意并且希望与工作主动接近，达到自身与工作的逐渐统一。在工作过程中他们会对工作产生一种积极的情绪，在工作结果中他们又会体验到自我价值得到实现的价值感。也就是说，他们把工作和自我融合在一起，工作本身的内容、过程和结果，都会让他们从中获得一种积极的情感体验，从而获得快乐。这种快乐

又进一步拓延员工的思想和行为。这些新思想与新行为，一方面，会提升企业的创新精神，增添企业的活力，提高企业的竞争力；另一方面，员工通过多种方式表达自己的积极情感，可以帮助自身更深刻地体验积极情感。也就是说，积极的情感体验不仅可以扩建思想与行为，而且对其本身也有一种扩建的功能，快乐管理由此而实现。

相关链接

快乐管理

快乐管理，就是让员工感到快乐的管理方式，其本质是让员工从工作中感到幸福。就个体而言，快乐管理不仅强调工作条件等外在因素与工作内容等内在因素的统一，而且强调工作与人的统一。就团体而言，它强调一种和谐的氛围，在这种氛围中，工作是为了获得某种心理体验，人们要获得的不仅是得到某种满足这一结果，更重要的是在体验过程中感受到快乐。快乐管理从人的兴趣出发，使工作适应人，而不是纯粹让人去适应工作。如果说传统的管理模式考虑到了人心理上的满足，那么快乐管理让人不仅从心理上，而且从情感上获得满足，其中情感上的满足更为重要。快乐管理在企业中建立了一种精神契约，在这种契约中人性得到充分肯定与发挥，工作与生活融为一体。

引自：李晋,李晏墅.快乐管理的理论溯源、研究框架构建及未来展望[J].外国经济与管理,2010(12):1-9.

三、游客：感动管理——乘兴而来，感动而归

> 没有十全十美让人满意的产品，但有百分之百让人感动的服务！

"这里跟别的餐厅不一样：吃火锅时眼镜容易有雾气，他们给你绒布；头发长的女生，就给你皮筋套，还是粉色的；手机放在桌上，吃火锅时容易弄脏，还给你专门包手机的塑料套。"

"我第二次去服务员就能叫出我的名字，第三次去就知道我喜欢吃什么。服务员看出我感冒了，竟然悄悄跑去给我买药。感觉像在家里一样。"

——某位去过海底捞吃火锅的顾客

有位国外顾客非常喜欢中国的工艺品。在某宾馆住宿时他发现烟灰缸十分精巧，就把它藏在了自己的行李中。服务员发现烟灰缸丢失后立即报告给经理。但经理让服务员拿着一个包装好的烟灰缸送给顾客。这位顾客非常感动。

某天下午五点半，呀诺达宝膳堂养生餐厅某一包房里，几个游客正围坐着开始用餐，虽已将近傍晚，阳光仍然直射入房间，照在临窗客人的身上，但也不算刺眼，有位客人借此打开了话题："都快到晚上了，太阳还这么活跃地悬着，呵呵。"只见没过一会儿，旁边站着的服务员不声不响地将窗帘拉上了，房间里顿时感觉阴凉不少，对于还正处炎夏的海南来说，防晒还是很必要的。这位客人看到这个举动，将惊喜和感动的微笑投给了这位服务员。

1. 把脉游客要求 溯源"感动"临界点

伴随着服务业市场竞争日益加剧和消费者的成熟，如今，满足顾客的要求，已从事关企业生存发展的关键转到事关企业的基础地位，如何取得市场竞争优势，将会逐渐转变为如何超出游客的期望，让游客感到惊喜甚至感动，从而建立广泛的顾客忠诚度。建立广泛的顾客忠诚度才是企业赢得持久竞争力的关键。

借此机会，让我们先来剖析一下"顾客要求"这个过程，以便投其所好，从而寻找创新方法满足游客需求甚至超出游客期望，直至让其感动。

什么是顾客要求？标准的定义是：顾客明示的、隐含的、潜在的需求和期望（见表5-1）。这就是说，标准把顾客要求分为三类：第一类是顾客

表5-1 标准的顾客要求分类方法

类别	表现形式
明示要求	写进合同或订单的顾客要求 顾客口头表达的要求
隐含要求	有关法律法规的要求 约定俗成的社会责任或行业规范
潜在要求	顾客要求的改进要求 顾客实现自我价值的要求 顾客持续产生的要求

的明示要求，第二类是顾客的隐含要求，第三类是顾客的潜在要求。顾客的明示要求"通常表现为写进合同或订单的顾客要求以及顾客口头表达的要求"。顾客的隐含要求"通常表现为有关法律法规的要求以及约定俗成的社会责任或行业规范"。顾客的潜在要求"通常表现为顾客要求的改进要求、顾客实现自我价值的要求以及顾客持续产生的要求"。

顾客的潜在要求有以下三种表现形式：

第一种表现形式是顾客要求的改进要求。顾客要求不是神圣不可侵犯的。因为顾客要求不一定都是合理要求。在许多情况下，顾客可能会提出不合理要求。顾客为什么会提出不合理要求呢？因为服务具有专业性，而顾客通常不是专家。所以，顾客往往会提出与专业要求和自身利益不相符合的要求。在这种情况下，站在专业角度向顾客提出改进建议恰恰是顾客的一种潜在要求。

第二种表现形式是顾客实现自我价值的要求。美国行为科学的著名代表人物马斯洛将人的需求分为五个层次。第一个层次的需求是生存需求，如吃饭和穿衣。第二个层次的需求是安全需求，如人身安全和财产安全。第三个层次的需求是社会需求，如社会交际和情感交流。第四个层次的需求是受到他人尊重的需求，如平等感和公正感。第五个层次的需求是实现自我价值的需求，如成就感和自豪感。马斯洛认为，实现自我价值的需求是人的最高需求。这一需求包含在人的任何需求之中，是使每个人不断提高需求层次的动力。因此，顾客实现自我价值的要求也是一种顾客的潜在要求。

第三种表现形式是顾客持续产生的要求，人的欲望是没有止境的。一个要求满足之后又会产生新的要求，甚至在原来的要求没有得到满足之前新的要求就已经出现了。因此，顾客不仅会在接触过程中提出要求，而且会在接触过程中不断提出新的要求。相对于已经提出的顾客要求来说，顾客持续产生的要求就是顾客的一种潜在要求。

顾客的明示要求、隐含要求和潜在要求究竟是什么关系呢？标准指出："顾客的明示要求和隐含要求构成顾客对服务提供的期望值。顾客的潜在要求则构成了超越顾客期望值的必要性和可能性。"这就是说，满足了顾客的明示要求和隐含要求就等于满足了顾客的期望值，满足了顾客的潜在要求就等于提供了超值服务。[①]

顾客要求平衡公式：

$$H=R1+R2$$

$$P=R3$$

$$H+P=R1+R2+R3$$

式中，H代表顾客的期望值，P代表超值服务，R1、R2、R3分别代表顾客的明示要求、隐含要求和潜在要求。公式表明，顾客的期望值等于顾客的明示要求加隐含要求。超值服务等于顾客的潜在要求。顾客的明示要求、隐含要求和潜在要求的总和等于顾客的期望值加超值服务。

2. "软硬"皆施 带走感动 迎来品牌

对游客要求进行透彻分析，抓住他们会感动的临界点之后，就该我们采取措施了——要想提升游客满意度，超出游客的期望让游客感动，关键是要用心地想其所想，做其所想，持续地、每次都毫无失误地将服务准确地传达给游客，让他们的期待不落空，再灵活机动地利用为其制造惊喜！

其实，商场如情场。在情场上，出其不意地给人意外惊喜是实现超越的妙招，那些能够给女孩带来意外惊喜的男孩通常是竞争的胜利者，商场与之相比，有过之而无不及。例如，当你迈入机场出发大厅或走出接机廊桥的时候，如仙女般的礼仪人员立即送上一束鲜花，紧接着是闪光灯齐刷刷地对准了你，然后是有人宣布你成为××机场的第×××× 万名乘客，接着领导向你颁发证书，老总向你赠送机票等，那是多么惬意的时刻，让人刻骨铭心，终生难忘。

呀诺达"软硬"皆施，力求游客百分之百地满意，以双重管理体系为基准，外加员工的灵活机动，在很多细节上都让顾客感到惊喜，达到感动。

大家去过的景区，有多少是有免费的手机加油站的呢？呀诺达有，就在景区入口，有很多种不同的型号供游客选择。在这个目前的产品只供消费者体验短短三个小时的主题景区，完全没有必要设置这个硬件，但呀诺达想的却是"万一哪位游客有急事或者找不到家人了呢？"周全之至，让人惊奇而感动。

---

①中华人民共和国国家发展和改革委员会.中华人民共和国商业行业标准——服务管理体系规范及实施指南SB/T 10382–2004[H].2004.

　　"走，去看看我们的五星级洗手间。"带领我们的小导游自豪地说。呀诺达在筹备期考察时发现很多景区的洗手间卫生条件太差，这种必备设施的缺陷同样会给游客带来不愉快的体验，直接影响游客的满意度。所以我们可以发现，呀诺达景区里的洗手间都特别卫生，也没有异味，绝对不会让游客感到任何不适，设施也很新，这样的考虑不正是想到游客的心坎里了吗？

　　大家都知道，我们去的是海南，天气会比较热，所以呀诺达的电瓶车都有窗帘，让还不习惯这艳阳高照天气的游客在车上避免被晒，游客拉下窗帘的时候说："咱们这坐的是敞边车啊！"这样的考虑，你会不会觉得很舒心呢？

　　"软件"就更不必说了，呀诺达的员工都会像我们开头提到的那位餐饮部服务员一样，利用机灵敏锐的观察力和充分的换位思考，提前一步，想游客之所想，做游客之所期。例如，对于呀诺达的导游，相信游客们印象都很深刻，他们能从动植物讲到家常，能从景区讲到和谐社会，能从食物讲到养生，能从设施讲到环保，让游客在热带雨林里获取的知识绝不仅限于动植物介绍；跟着导游，游客们经常会看到惊喜，听到惊喜，感受到惊喜，绝对是名副其实的"感动之旅"（见图5-2）！

图5-2　游客"感动而归"

此外，呀诺达通过不间断的问卷和游客双向沟通，与游客面对面处理其投诉抱怨，迅速响应，马上改善措施，制定一套服务补救应变机制，以保证做到游客所期望的服务，进一步积极地超出他们的期望。

游客感动的力量也是伟大的，投之以桃，报之以李，他们带走了感动之后，一定会把他们的消费感受通过口碑传播给其他消费者，由此，呀诺达的知名度开始扩大，久而久之，一个品牌定会在三亚南部茁壮成长！

第二节 战术——实践方出真知

古人学问无遗力，少壮工夫老始成。

纸上得来终觉浅，绝知此事要躬行。

——陆游《冬夜读书示子聿》

呀诺达一系列的运营管理哲学一直在呀诺达管理团队（见图5-3）的实践活动中不断改进、提升，这样，才锻造了一批如此精简和高质量的服务队伍。呀诺达利用这套经营管理理念以及系统规范的服务实施流程，不仅为游客打造了一个精品景区，更为游客创造了一种关注生命、享受生命、分享快乐的生活方式。"它不仅仅是景区，还是境区，自然意境之区、生命意境之区、人生意境之区"。

一、树根：双重管理体系

呀诺达的这套经营管理理念的实施有一套重要的软件支撑体系，那就是2008年11月景区通过的ISO9001质量管理和ISO14001环境管理双体系认证。不得不说，双重管理体系的通过对于景区日常运营管理的规范化和系统化管理起到了举足轻重的作用，二者的完美结合，使得呀诺达的军事化管理、快乐管理以及感动管理的经营意识很快地融入到日常的管理当中，提高了员工

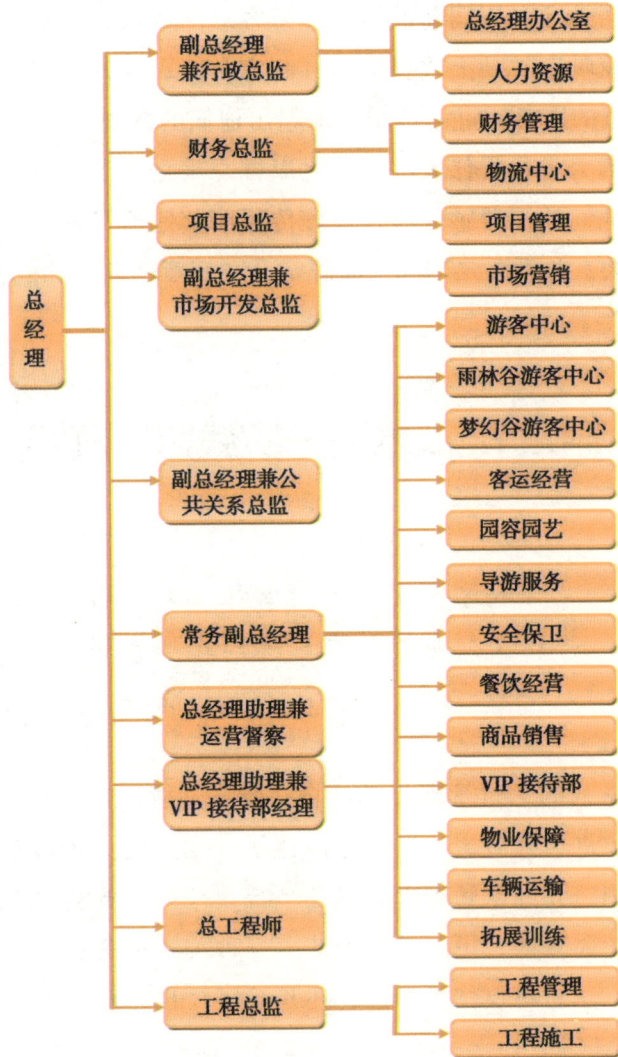

图5-3　海南三道圆融旅业有限公司组织机构图

们的职业素养、环保意识和服务意识，为景区服务的差异化、个性化抹上了重重的一笔。

1. 意气相投　同舟共济

ISO9001质量管理和ISO14001环境管理这套双重管理体系自身就是一套科学系统的管理标准，企业通过实施该标准，将对自身现有的服务质量状况和环境状况有个详细的了解。针对筛选出的重要服务质量及环境影响因素，建立文件体系加以控制，此后在策划、实施、监控和评审这一动态的循环上升过程中，即会不断提高企业的质量管理水平和环境管理水平，进而延伸到企业其他的管理活动中，与相关管理理念完美结合，提高企业的整体管理水平。

完善景区的日常运营管理并不是双重管理体系的终极目标，而是建立在服务管理质量提高基础上的成就。呀诺达因而进一步取得了业内竞争优势，一方面，双重管理体系为企业绩效的突飞猛进助力，同时还帮助企业管理营运风险；另一方面，呀诺达吸引了更多投资，进一步提高了品牌信誉，消除壁垒，精简运营，减少浪费。双重管理体系是鼓励组织提高产品和服务的质量，减少浪费和客户投诉，从而鼓励内部沟通，提高员工士气，提高游客体验质量的"大功臣"。

2.呀诺达质量与环境方针及含义

下文系统阐述了呀诺达制定的质量与环境管理方针以及其代表的含义。

（1）质量方针与含义。质量方针及其具体含义侧重呀诺达在管理质量上的标准和宏观要求。

1）质量方针，体验呀诺达，欢乐你我他。

2）含义。

A.秉持"今日精品、明日文物"理念，打造"呀诺达"精品。

B.遵守适用的法律法规与其他要求，提供全程温馨的"呀诺达"服务，让游客与员工共同体验旅游过程中带来的快乐。

C.通过半军事化管理，打造"令行禁止、快速反应"的员工团队，确保景区质量方针能够贯彻落实。

D.通过规范的服务流程、不间断岗位培训，保证服务质量持续改进。

E.保持景区高美誉度，力创旅游高端品牌，使之成为人人向往的"热带香巴拉"。

（2）环境方针与含义。环境方针及其具体含义侧重呀诺达在环境管理上的标准和严格要求。

1）环境方针。承诺坚持"先保护再开发，边开发边保护"原则，走生态可持续发展道路；信守国家环境保护法律法规，保护景区控制范围内的生态系统不被破坏、水体不受污染；在各项工作中贯彻生态环境保护思想，实现人与自然和谐发展，使景区成为现代生态文明的展示窗。

2）含义。

A.从景区规划、开发建设到经营管理，坚持贯彻"先保护再开发，边开发边保护"原则。

B.生态环境保护与景区开发利用相辅相成，利用良好的生态环境来满足游客的文化品位需求，实现人与自然和谐发展。

C.开发经营过程中，采取必要的保护措施，做好防范工作，使环境不受污染。

D.做好自身环境保护，主动承担宣传、保护环境的社会责任，让游客在游览过程中既愉悦身心，又能受到环境保护教育。

3.呀诺达中期质量与环境目标

制定了完善的质量与环境管理方针之后，呀诺达系统提出了质量管理与环境管理的中期目标。

（1）中期质量目标。让游客乘兴而来、感动而归，在3～5年内实现游客满意率大于80%，投诉率不超过十万分之六，创海南知名旅游品牌，成为国家5A级旅游景区。

（2）中期环境目标。根据景区环境方针的目标框架要求，在3～5年内实现如下目标：

A.环境教育目标。对员工持续开展环境保护教育，遵守国家环境保护法律法规，并在各项工作中贯彻践行生态环境保护思想。

B.环境建设目标。景区开发建设在环境保护的基础上进行，开发建设的同时兼顾环境保护。

C.环境保护目标。保护景区控制范围内的生态系统不被破坏、水体不受污染。

二、树干：全方位服务

呀诺达雨林文化旅游区部门职能，见图5-4。

热情服务
- 游客服务中心——关注细节，灵活贴心，个性服务，全国标兵
- 导游服务中心——广学博采，传递快乐，雨林精灵，形象大使
- VIP 接待部——高端配套，尊贵雅致，引领精品，钻石品质
- 商品销售部——丰富多样，突出特色，独特风景，二次创收
- 餐饮经营部——精美药膳，丰简随宜，挖掘主题，不断创新

景象交通
- 车辆运输部和客运经营部——景区动脉，流动景观，保障安全，服务创收

安全保障
- 安全保卫部——安全卫士，形象标兵

项目开发
- 项目管理部——整合资源，精心策划，创新产品，持续发展
- 工程管理部——严格监管，谨慎负责，保证质量，打造精品

完备后勤
- 物业保障部——认真检查，精心维护，排除故障，保障运营
- 物流中心——严控成本，广联供商，及时供应，保质保量
- 工程施工部——保护生态，创新设计，呵护雨林，建设小品
- 园容园艺部——雨林美容，装点景区，清洁环境，园林绿化

全能人事
- 行政办公室——组织协调，沟通枢纽，快速反应，服务一线
- 人力资源部——狠抓培训，严格考核，储备人才，标准管理
- 财务部——预算管理，实时分析，保收节支，发展后盾

图5-4 呀诺达雨林文化旅游区部门职能

1. 为游客开心

踏进呀诺达地界，有形象大使迎接您，有全国标兵等待您，有高端配套服务您，有精美药膳诱惑您。为了让游客能够有一段开心难忘的体验，呀诺达倾其心智为游客的每一程设置了全面到位的服务，有灵活贴心的游客服务中心为您引导，解决您的咨询和求助，接纳您的投诉和抱怨，看好您的包裹；有广学博采的导游服务中心为您全方位讲解，扩宽您的知识，丰富您的体验；有尊贵雅致的VIP接待部为您缔造钻石品质的管家式服务；有风格多样的商品销售部为您提供个性实用的纪念品；有丰简皆宜的餐饮经营部为您准备健脾养胃的精美药膳。让您在尽享游、购、娱的过程中体验那山那水那森林。

2．为畅通无阻

坐享美景，要从景区大小各异的观光车开始。驾驶员娴熟的驾驶技术让您在盘山公路上偶遇惊险的九十度大转弯时享受这份刺激，以花草做窗的小车体让您尽览流动的美景，带您上山不忘了送您下山，让您随时随地有车坐，旅游累了只需打声招呼，您想要的车马上就到。

3．为人人安全

害怕热带雨林的小生物们无意伤害到您吗？放心，我们有安全卫士。24小时全区巡逻，只为保障您的游览不被潜在的隐患所危及。军人出身的他们凭借过硬的身体素质和军人素养以及高度的责任感行使着呀诺达形象标兵的权利，形成点多、线长、面广的保护队伍，也因为高度的职业道德，他们备受中高层管理人员的青睐，将他们列入未来景区管理及发展的砥柱储备人才。

4．为越来越美

呀诺达会越来越美，有一批"画家"致力于美化它的风景，壮大它的蓝图，挖掘它的精髓，让它频频以崭新的面貌迎接游客。有项目管理部时时考虑景区的可持续发展，深入研究呀诺达的魅力，不断创新产品，通过精心策划，"画下"自己的想法，实现呀诺达的步步高升；并有工程管理部实时监督工程质量，保证我们的"蓝图"得以完满实现，然后以最唯美的画卷呈现给游客，以最快乐的体验传递给游客。

5．为上通下达

前线在战场上的丰功伟绩少不了后方的粮草供应，有行政办公室这一沟通枢纽来组织协调整个团队的上通下达，快速反应，保证每一个信息的顺利有效传递；有人力资源部"筛"出人才，并狠抓培训，严格考核，确保每一位员工谨记呀诺达精神，用高素质的职业素养服务每一位客人，同时不忘用标准管理衡量他们的表现，让智者发挥所长；有财务部精打细算，保收节支，实时分析企业经营状况，力求最准确的预算管理，用喜人的数字为前方报喜。

第六章 呀诺达经济、社会、环境绩效

呀诺达以准军事化管理为基础，贯彻实施国际ISO9001质量管理体系和ISO14001环境管理体系，构建游客满意系统。呀诺达对内加强服务水平的提高，加快基础设施的完善，对外拓宽营销渠道，扩大客源市场，旅游人数和旅游收入持续增加。景区在短短的4年多时间里写下一路绚烂：前后获得中国最具影响力景区、全国游客满意优质服务树模景区、全国旅游标准化试点单位、全国低碳旅游实验区、全国旅游系统先进集体、全国工人先锋号、海南省重点文化产业园区、海南省十大重点旅游房地产项目、游客喜欢的海南岛特色品牌景区、海南省用户满意品牌、海南省青少年学生生态环境保护教育基地、海南省科普教育基地、海南省2011年创先争优活动"旅游景区第一名"等荣誉。呀诺达取得了良好的经济效益、社会效益和环境效益，呀诺达品牌影响力日渐突显。

第一节 绩效特征——五满意、三效益

呀诺达的经营管理绩效的特征可以用五满意、三效益来概括，即通过呀诺达的努力，达到五个满意，即游客满意、企业满意、员工满意、政府满意和社区满意，最终实现三大效益，即经济效益、社会效益与环境效益（见图6-1）。

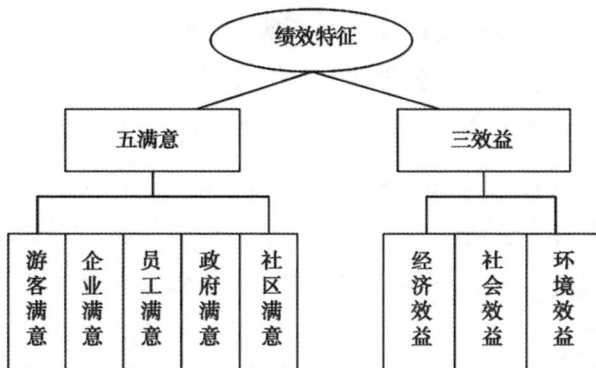

图6-1 绩效特征构成图

一、五满意

五满意是指能让游客满意、企业满意、员工满意、政府满意和社区满意，实现呀诺达利益相关者的意见最小化和利益最大化。

1.游客满意——"感动而归"

游客满意是衡量景区经营管理绩效的第一个特征，也是最重要的一个特征。只有游客满意了，景区经营企业才能够获得更多的利润，实现"名利双收"；企业利润增加了，上缴的税费也会随之增加，同时也能更好地带动其他产业的发展，促进地区经济增长，使政府更加满意；只有游客满意了，企业获利了，员工才能获得更多的福利，从而拥有更高的热情，真正做到快乐工作；社区人民才能更多更好地参与到旅游工作中来，促进生活水平的提高，实现"幸福生活"。

随着旅游经济的飞速发展，旅游者的消费观念已发生了很大变化，许多人早已不满足走马观花式的旅游方式，广大游客更加看重自身的体验。呀诺达关注游客的游览质量，保证每位游客都能充分领略热带雨林深处的神秘、神奇和神圣，通过精心的设计和细心的服务让每个游客"乘兴而来，感动而归"。

2.企业满意——"名利双收"

企业满意是衡量景区经营管理绩效的第二个特征。企业满意表现在多个方面：一是景区接待国内外游客量不断增加；二是景区利润不断增长；三是景区形象不断提升；四是景区影响力不断扩大。

景区自开园以来，经过全体员工的艰苦奋斗，在经营管理上取得了较好的成绩，景区接待游客量逐年增长，经营收入大幅提高，多项经济指标年年创新高。2008年4月13日，国际休闲产业协会、中国国际品牌协会、海南省旅游发展研究会授予呀诺达"游客喜爱的海南岛特色品牌景区"荣誉称号；2008年9月19日呀诺达被2008中国旅游品牌年会评为"中国最具影响力旅游景区"；2010年11月12日呀诺达举行4A景区揭牌仪式，2012年1月呀诺达荣膺国家5A景区。呀诺达不断地扩大影响力，做到了"名利双收"。

3.员工满意——"快乐工作"

员工满意是衡量景区经营管理绩效的第三个特征。只有员工满意了,他们才会以更大的热情投入到工作中,更好地服务游客,让游客感动。员工满意不仅仅体现在收入的增加上,更体现在快乐地工作上。

快乐是一种境界。员工通过学习、创新,不断获得智能的知识,不断认识自我、超越自我、挑战自我。快乐是一种现实,呀诺达把员工的个人愿景与企业的发展构成共同愿景,当企业为社会创造财富的同时,个体也获得认可,获得回报,享受实现自我价值的快乐。真正的快乐是在从事有意义的活动中产生的。我们用最生动的方式呈现梦想,让它成为激励每个员工的力量。呀诺达把每一个员工都视为大家族中宝贵的一分子,致力于让他们通过学习、创新、执行来更加快乐地工作。

4.政府满意——"丰厚税收"

政府满意是衡量景区经营管理绩效的第四个特征,也是评价景区经营绩效一个非常重要的特征。政府满意主要体现在两个方面:一个是企业上缴税收的增加;另一个是旅游对周边及其他行业的带动。

呀诺达作为新兴景区,通过自身一流的服务和管理,上缴税费节节攀升,品牌效益突显。越来越多的游客走进热带雨林,使三道地区从一个默默无闻的农业小镇,跃升为保亭县旅游强镇、全国有名的文化名镇,有效地推动了周边地区经济社会发展。

5.社区满意——"幸福生活"

社区满意是衡量景区经营管理绩效的第五个特征,也是越来越受到景区经营者重视的一个特征。社区居民作为整个景区周边环境不可缺少的一部分,是景区地方文化的重要体现。社区满意,有利于更好地凸显当地特色文化,提高旅游景区的吸引力;同时,也可以体现景区经营企业的社会责任感,提升景区总体形象。

呀诺达鼓励周边社区居民参与到旅游工作中来,主动为他们提供各种工作技能的学习和培训;同时,时刻不忘关爱、关心周边特殊群体的生产和生活,为孤寡老幼病残提供不同形式的补助;节假日走进周边社区,了解农户生产生活情况，为农户解决实际困难。通过这些举措，呀诺达希望能让社区居民过上更加幸福的生活。

二、三效益

三效益是指呀诺达景区经济效益、社会效益和环境效益的最大化。

1. 经济效益

呀诺达景区的建成开放使三亚市又闪亮了一颗新星，熠熠光芒展现了它对三亚旅游产业的贡献。它完善了海南南部的旅游目的地布局，深化了三亚旅游的内涵，使得区域旅游资源优势更加凸显，极大地调动了各区、市、县发展旅游业的积极性，使大生态、大旅游格局更加显现。通过收入效应、创汇效应、就业效应和产业关联效应等方式，呀诺达已经带动了当地区域经济的连锁反应，最终将带动区域经济的整体快速增长与发展，进而促使区域经济反哺旅游业，促进旅游基础设施的完善，通过投资、补贴、税收、奖励等方面给予旅游业更多扶持，拓展旅游市场的服务能力和空间范围，引进旅游方面的优秀人才等，呈现相辅相成、共同进步的格局，为当地旅游产业乃至三亚带来巨大的经济效益。

2. 环境效益

呀诺达作为三亚地区的"绿色银行"，带领我们"向往自然，亲近自然"，以它的郁郁葱葱和唯美风俗向我们展现大自然的神奇与壮观，促进了当地旅游的可持续发展，成为当地旅游发展新的增长极。呀诺达的到来使得这片土地的雨林景观质量明显提高，生物多样性和生物物种资源得到了有效的保护，生态环境条件明显改善，整个景区生机勃勃；同时，它的功德远不止于此，生物资源的保护是对整个社会经济可持续发展"战略资源"的保护，生态系统的协调持续发展让我们的科学研究和环境监测更加顺利，生态服务功能发挥得更加到位，科普宣传与环保教育更加深入，生态保护交流与合作更加多元，可持续利用资源示范作用更加明显。呀诺达为三亚旅游的可持续发展和生态环境保护"提供了一个明确的典范"。

3. 社会效益

呀诺达要经济效益，更要社会效益，它带来的旅游者为当地居民带来了新的社会面貌和生活方式；同时，并不忘广施善行，在使当地居民提高收入的同时，带给他们更多的是社会基础设施条件的改善、社会文化生活质量的提高、生活心态的改变和民族传统文化的弘扬；人们脸上的愁容没了，笑脸多了，呀诺达造福了当地群众，顺理成章地成为社会典范、善行先锋。

第二节　经济绩效——数字不撒谎

2008年2月2日呀诺达对外试营业，此后，呀诺达的游客流量每年都以翻番的速度在增长，开创了新景区运营的奇迹。经营收入每年也有大幅度提高，到2010年，呀诺达的经营收入已近亿元。此外，伴随着呀诺达景区的发展，三道镇居民的收入也大幅度提高，政府的税收收入也飞速上涨，使三道地区从一个默默无闻的农业小镇，跃升为保亭县旅游强镇。

一、企业利润增加

从2001年选址三道镇，到2003年开始建设，2008年2月对游客开放，2010年11月，4A景区正式挂牌，呀诺达的发展壮大是有目共睹的。

"景区从开放以来，游客流量每年都以翻番的速度在增长。"景区分管营销的副总经理王厚林说，呀诺达开园三年，第一年游客流量较低，亏损经营，但从2009年开始，每年同比增长速度都超过了200%，2010年全年，景区游客总量达到100多万人次，景区经营收入近亿元。

二、居民收入增加

10年前，三道镇居民都还没有固定的工作，收入来源主要是种地的收入和山上种果树的收入。在丰收的年份，可能还有几百元钱的收入，可是当碰到各种气候灾难颗粒无收时，三道镇的农民基本上都没有什么收入，只能勉强够上温饱。10年后，保亭县全县直接从事旅游服务业的人员有4000多人，其中大部分一线员工都是当地农村劳动力，他们的年平均工资从2008年的7200元提高到现在的12000元。

三、政府税费增加

景区从2001年规划建设开始，依托三道地区丰富的热带雨林资源发展绿色旅游经济；在当地政府及周边农民的大力支持下，景区建设飞速发展，2008年2月，景区对外试营业，三年来，游客量节节攀升，上缴税费超过千万元。2010年游客入园量将近100万人次，上缴利税1000余万元。在海南国际旅游岛建设发展中，呀诺达作为新兴景区，通过自身一流的服务和管理，品牌效益凸显。越来越多的游客走进热带雨林，使三道地区从一个默默无闻的农业小镇，跃升为保亭县旅游强镇，成为全国有名的文化名镇。呀诺达有效地推动了周边地区经济社会发展，达到了景区与周边地区和谐发展、共同发展的良好局面。

第三节　社会绩效——善行先锋

2011年12月3日，联合国教科文组织"善行旅游"项目启动仪式在海南省呀诺达雨林文化旅游区举行（见图6-2）。"善行旅游"是在"生态旅游"、"绿色旅游"、"低碳旅游"以及"可持续旅游"基础上的一个新概念。"善行旅游"不仅仅是个旅游的问题，甚至不仅仅是个经济问题，它还涉及人类在面对自然环境和文化遗存时所应拥有的价值观、道德观，涉及人与人之间所应拥有的价值观、道德观，说到底，就是保持人与自然的和谐、人与人之间的和谐、人与社会之间的和谐。呀诺达自开业以来，一直坚持三

图6-2 "善行旅游"项目启动仪式

道圆融的理念，注重修养善行，"善行先锋"的名誉实至名归。

一、善行先锋

作为"善行旅游"理念的推广者，呀诺达关注社区居民、景区员工和旅游者的需求，并倡导一种友善的旅游模式，即无论是游客，还是景区开发者、景区所在社区居民，都要与自然环境、与当地人文风情友善相处，让景区得到可持续发展。

1. 关爱特殊群体，爱心捐助扶持

"景区的建设要圆满，就要融入当地社会经济发展的大圈子，融入自然生态环境中，融入景区百姓的幸福感中。"景区负责人如是说。正是遵循这一理念，景区建立了与周边社区共同分享利益的机制。在建设发展的同时，景区时刻不忘关爱、关心周边特殊群体的生产和生活。公司自成立之日起，每年都会拿出近15万元，利用春节、中秋节等时机，主动走进周边农户家庭，了解农户生产生

活情况，为农户解决实际困难，为他们送上慰问品、补助金等。除了节日慰问以外，呀诺达还为三道农场什根队农户购买城镇居民基本医疗保险，给毛民村的农户每月发放电费补贴，每年给毛民村小组提供一定量的工作经费，给60岁以上老人每月提供生活补助，以提高他们的生活质量。公司这些举措，极大地减轻了困难家庭的生活压力，改善了他们的生活水平。

2. 关爱员工，培训育人

为了提高员工素质，提升呀诺达员工的软实力，适应国际旅游岛建设的要求，公司长期坚持旅游精品人才开发战略，以准军事化管理模式为基础，贯彻ISO9001和ISO14001质量和环境整合管理体系，建立游客满意系统。为打造精品热带雨林景区，在实施呀诺达核心企业文化培训过程中，公司每年投入大量的人力、物力、财力，致力于公司员工培训。

公司培训分为岗位技能培训和全员企业文化培训两种，岗位技能培训由部门组织，分为岗前培训、日常培训和专项培训三种，通过岗前培训，使新员工能够尽快走上工作岗位，符合公司的服务标准；日常培训是不断提高服务技能与效率；专项培训则是外请专家，针对某项特殊的技能进行强化培训。企业文化培训是针对全体员工的培训，包括全员军事化训练、礼仪培训及考核、旅游知识的培训、创A知识培训等各种企业文化培训。通过培训，大大改变了本地员工的精神面貌，这种改变让曾接触过他们的保亭县领导感到震惊，觉得不可思议；同时，岗位专业培训，使本地员工在岗位上掌握了一门专业技能，如园林、物业、驾驶、厨师等岗位技能，完成了"洗脚上田"的过程，成为熟练工人。

通过对本地员工的教育培训，还极大地影响了他们的家庭及周边村民，带动了村民整体素质的提升，在不断丰富物质文化生活的同时，精神文明建设也取得了丰硕成果。

3. 关爱游客，细微见真情

在行车道上，有导游"拐弯处注意安全"的提醒；在雨林中，由于尽量保持了植物的原貌，对横在头顶的树干并未砍伐。对这些"拦路虎"，用一个漂亮醒目的红丝带让游客避免了碰头的危险。景区推出的养生药膳，更是从关爱游客健康出发，为游客提供休养生息的理想环境。

二、区域发动机

呀诺达景区的开发不仅为保亭县旅游业的持续、健康、快速发展做出了积极贡献，同时也拓展了海南岛东海岸现有的"海口至三亚"这一经典黄金旅游度假带的空间范围，填补了海南中部绿色旅游的空白，盘活了整个区域，为当地老百姓创造了就业机会，带动了老百姓脱贫致富。

1.带动就业

"景区的建设为当地老百姓创造就业机会、发展机会，带动老百姓脱贫致富，要充分考虑并保证旅游能为当地老百姓带来长久的利益。"海南省旅游委巡视员陈耀说。呀诺达的成功之处，就是把景区客源带来的消费能力向周边村庄辐射和扩散。"它正在逐步成为周边村庄财富的集散地"。

目前，在公司就业总人数为810人，其中海南本地员工517人，保亭县就业人数达到300人，占公司就业总人数的37%。景区有效地解决了当地劳动力就业压力。三道镇毛民村村民董伯山说，他所在的村庄共有40多人在呀诺达工作，月收入上千元，村民的生活水平随着景区的建设日益提高。

2.发展当地

2008年以来，保亭县旅游业取得长足发展，以旅游为龙头的第三产业的比重由2007年的43.6%提高到2010年的50.4%，超过第一产业9.2个百分点，旅游龙头地位得到了确立。据统计，2008~2010年保亭县全县共接待游客380万人次，年均增长66.1%，旅游收入5.24亿元，年均增长51.6%。2011年前三季度，保亭县全县接待游客168.6万人次，同比增长18.1%；实现旅游收入2.2亿元，同比增长24.9%。接待入境游客2.4万人次，同比增长43.9%。目前，保亭县全县直接从事旅游服务业的人员4000多人，其中大部分一线员工都是当地农村劳动力。不得不说，在这些成绩的背后，也凝聚着呀诺达雨林文化旅游区的汗水和心血，呀诺达为保亭县旅游业的持续、健康、快速发展做出了积极贡献。

3. 盘活区域

20世纪80年代，海南岛东部与中部两个区域的旅游业处在同一起跑线上，而随着90年代初海南岛东线高速公路的开通，海南旅游格局发生了变化，中部山路的交通劣势相比之下显现出来，特别是随着旅行社运作成本的增加，旅游团队从日益减少到最终不走中线，中部区域旅游开始衰退，与主打"海"产品的海南东南部旅游拉开了差距。

这些年来，海南岛中部地区的发展，始终是历届海南省委、省政府都倾注了极大心血关注的课题：2000年、2005年，海南省委、省政府先后出台关于加快中部地区发展的决定或意见；2007年，海南省发展与改革厅再次专门组成课题组，专题研究海南中部地区保护和发展的对策和措施；海南省第五次党代会明确地提出："积极推进西线旅游和海上旅游，有序开发中部山区和森林旅游，形成东西并举、山海互补的海南旅游新格局。"

从三亚大旅游圈发展态势来看，沿大东海、亚龙湾一线，是海滨旅游休闲度假区；沿三亚湾、小月湾一线，是海滨旅游景观展示区。而从三亚向北延伸的中线，这一块是三亚大旅游圈发展的空白，而这一块最值得开发、最能成为海南新的旅游精品的就是热带雨林景观。

呀诺达就是为破局而生，从一开始，她就以志在破解海南中部长期徘徊的旅游颓势之气，积极融入"大三亚旅游圈"，填补海南中部绿色旅游的空白。她为在经济发展与环境保护的平衡问题上有所困扰的海南中部地区旅游业打破了僵局并使之走出困境。

呀诺达南距三亚市区30公里，北距保亭县城38公里，由海榆中线国道到达海南岛东线高速公路三亚出口处18公里，处于海榆中线国道与海南岛东线高速公路交会的旅游"金三角"地区，是连接南部与东部旅游黄金走廊和中部旅游的极佳契合点。她才一降生，就已经一步跨上大三亚旅游圈的中心轴，让海南省绿色生态资源进入旅游正题，让中国真正没有冬天的、唯一地处北纬18度的热带雨林展现在世人面前。

呀诺达拓展了海南岛东海岸现有的"海口至三亚"这一经典黄金旅游度假带的空间范围，也延伸着这个黄金旅游度假带的经济效益范围，丰富并增值着这个黄金旅游度假带的含金量。

第四节　环境绩效——绿色典范

从一开始"呀诺达"雨林文化旅游区就明确了其定位与园区性质。建设者立足于以保护生态环境、保证自然资源可持续利用为前提，以生态原理统筹规划和合理开发，最终要形成具有国际水准的、以热带雨林——"原始绿色生态"为主格调的高档次、高品位、高质量的大型生态文化旅游主题园区，让呀诺达成为推动海南生态省建设和地方经济发展的海南文化旅游产业的知名品牌。经过三年发展，呀诺达已经基本成为了海南省的生态保护教育基地和生态旅游示范基地。

一、生态保护教育基地

在呀诺达，感受热情和友好自不在话下，但只要细细留心，你还会发现这里有天人合一的生态观——景区对自然的关怀与爱护，自然对景区的庇护与容纳，两者天衣无缝。用中国生态学会旅游生态专业委员会秘书长李文理的话说就是：呀诺达的生态是游客可以体验的生态、可以参与的生态、乐意呵护的生态。

1. 生态优先，最小干预

多样性生态环境是呀诺达的生命线。景区以雨林为核心区域，周边生态恢复保护区的原始森林和次生林有1400多种乔木、140多种南药、80多种热带观赏花卉和几十种热带瓜果，还有黎族、苗族群众居住其中，具有很大的生态敏感性。许多旅游项目在带来辉煌的同时，也往往给环境带来了沉重的压力，所以"呀诺达"将"生态优先，最小干预"的生态保护原则放在首位。

（1）分区保护——生态可持续。为了更好地保护景区的生态环境，呀诺达在规划上将景区分为生态保护区和生态观光游览区，开发时两个区内原有的植被、山体、河流等的原生态特性原封不动，只是对为了展示原生态的热带雨林旅游产品而必备的辅助服务设施、服务体系进行开发建设。观光区除了综合服务区少量的必需建筑、道路外，景区内基本以生态恢复与生态保护为主；生态保护区，只有简易的登山道（架空栈道）及少量休息亭，注重景区生态保护及原有峡谷的自然景观保护。

（2）生态栈道——为植物让路。呀诺达在栈道的修建上也非常注意生态保护，走在栈道（见图6-3）上，时不时可以看到木质踏板被开了一个洞口，一株小树顽强地从洞口生长出来，小树周围还给加上了围网进行保护；景区内

图6-3　生态栈道

的树名标识牌也做成了树叶的形状，上面绘着可爱的雨林小动物，标识牌的颜色也是暗色的，与周围环境的色调非常协调。

景区的建筑物尽量避开树木，实在避不开的，直径5厘米以上的树都要保护起来。如果是特殊树种，再小也要保护。在建设之前，员工都接受过雨林知识的培训，包括辨识雨林树种，编图谱，树标识牌，等等，以保证开发时不对珍稀植物造成破坏。

2. 绿色教育，义不容辞

作为中国最大的开放式热带雨林生态博览馆，呀诺达一直致力于绿色景区的建设，并在游客中宣传绿色知识，推广绿色理念。2011年6月14日，海南省教育厅授予海南呀诺达雨林文化旅游区"海南省青少年学生生态环境保护教育基地"。

（1）绿色宣言。在呀诺达雨林谷的入口处挂着一块绿色的牌子，上面写着："国际岛、生态窗、呀诺达、养生吧、爱雨林、鸟木花、勿采摘、不攀爬、禁烟火、勿砍伐、禁捕猎、不丢杂、减噪音、节能耗、防污染、处排法、礼谦让、和谐美、宣环保、弘文化、践行动、你我他、欢乐行、香巴拉"。这就是呀诺达雨林文化旅游区的绿色宣言《三字经》（见图6-4）。每个团队的游客来到雨林区，导游都会带着他们打着呀诺达"V"字形手势宣誓。做了宣誓后，这个宣言就会约束游客去遵守自己的诺言。这也是景区教育游客的一种很好的方式。

（2）绿色解说。在呀诺达热带雨林里一共有1400多种乔木、140多种南药、80多种热带观赏花卉和几十种热带瓜果。景区的人工导游和电子导游系统不仅仅是为游客讲解热带雨林的各种知识，教游客识别各种热带雨林的动植物，更重要的是会给游客讲解热带雨林保护的重要性，同时，在讲解中呼吁大家保护热带雨林和全世界的森林资源，努力共建和谐美好的绿色家园。

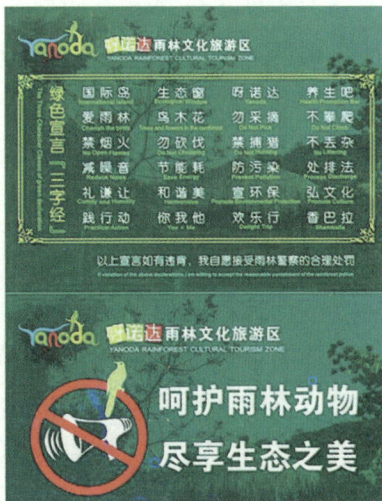

图6-4 绿色宣言

二、生态旅游示范基地

2011年1月，中华环保联合会、中国旅游协会旅游景区分会联合授予呀诺达景区"全国低碳旅游试验区"。呀诺达以建筑低碳、环保低碳、运营低碳和行为低碳，成为唯一一家海南省推荐的全国50家低碳旅游区之一，标志着景区生态文化走在了全国的前列。

1. 处处显低碳

自哥本哈根气候大会之后，"低碳"越来越成为一个国际性的热词。呀诺达从建设之初就本着低排放、低耗能、低污染、高效益等原则，努力尝试打造一个热带雨林低碳景区。

（1）电子导游机。走进呀诺达雨林文化旅游区，景区工作人员会给游客发一部小小的机器和一个耳机，你只要将耳机连接在机器上，机器里就会传出一个悦耳的女声，游客走到景区开发建设的任一景点，机器就会自动解说。这就是呀诺达景区使用的电子导游机。

为保证景区从一开始就体现高端、关爱生态、体现人文关怀，呀诺达雨林文化旅游景区在从2008年春节VIP接待期开始实行限时限量之举的同时，使用"高科技武装景区"，推出一种针对性强，完全智能化、自动化，无须操作，人人会用的电子导游器系统。该系统具有智能引导、自动讲解和多语种语音同步的三大功能，可在真正意义上实现为每位观众提供智能化的高水平讲解服务，使游客在雨林游览时，既能体验热带雨林的神秘、神奇，又能获得人性化贴身信息服务。这是继国内故宫、颐和园、天坛、北京动物园、长春伪满皇宫、南岳衡山、无锡灵山等知名景区之后，海南第一家使用电子导游的景区，据了解，呀诺达共配置了5000台电子导游机，提供了普通话、英语、俄语、韩语、日语五种语言的高标准人性化讲解服务，一年来共接待服务了100多万人次，为景区节约人工导游人员开支30多万元。同时，通过电子导游器的循环使用降低了传统纸质导览折页的损耗。

（2）太阳能照明。《海南省科技厅关于科技服务国际旅游岛建设的意见》提出，在全省3A级以上旅游景区（点）示范推广太阳能与建筑一体化、太阳能热利用、风能利用等一批可再生能源科技项目，加大节能减排的力度。

呀诺达在景区不少地方就采用了太阳能技术照明。在呀诺达雨林谷帐篷露营地，使用的若干个夜灯，就是太阳能灯。这些灯具各自独立，可以自由地搬来搬去。只要雨林的天色一暗下来，它便自动照明；天亮了，它又自动关闭。由于营地离景区游客中心较远，如果采用传统照明，就要投入大量资金铺设电路，不仅浪费钱，施工还可能伤害雨林原有生态环境，线路铺设还会有安全隐患，而采用太阳能照明，就可以避免上述弊端。

呀诺达观海台，是景区制高点。观海台建筑物的顶部，有一部分铺设了太阳能板，这里获取的太阳能完全可以满足观海台夜间照明和景观灯、射灯的需求。而呀诺达也正准备在景区大门口建设停车场，停车场的顶部将全部安装上太阳能板。届时，停车场屋顶的太阳能发电可以满足游客中心的全部用电需求。在安装太阳能板时，呀诺达也考虑到了环保原则，凡是在雨林里，或者游客能见到的屋顶，都不安装，尽量不破坏游客对雨林的观感。

在海南省科技部门的支持下，目前，呀诺达景区安装了4千瓦光伏太阳能景观照明系统，平均日发电能力约为27.4度，年发电量预计为1万度，能节约火电1万度/年，减少二氧化碳排放2.1吨，节约标准煤1.2吨，减少二氧化硫排放270千克。

（3）节能支持系统。为改善油烟和污水排放，景区投入7500万元新建了面积达13800平方米的游客中心，集售票、餐饮、购物、游客接待咨询、司导休息室、办公等众多功能为一体，完善餐饮油烟排放系统；同时，预计将陆续投入1350万元兴建两座污水处理系统，净化及回用景区运营所产生的污水。目前，景区所采用的旅游交通工具均为符合欧Ⅲ排放标准的雨林巴士及电瓶车，从而降低区内交通工具造成的废气排放，更加低碳高效的索道缆车项目已列入未来的规划中，进一步为游客提供便捷清洁环保的区内旅游交通服务。

2. 时时重环保

"我很高兴地看到，呀诺达景区的开发不是急功近利的，它坚持在保护中发展，在发展中保护。"中国生态学会旅游生态专业委员会秘书长李文理前来呀诺达考察之后，给呀诺达的开发打了高分。而这也归功于呀诺达时时重环保，是一个环境友好型的景区，它在成功开发旅游市场的同时，还促进了景区内曾经被破坏的天然林的恢复与生长。

（1）限时限量。"限时限量"，就是科学分析旅游地空间容量，限制旅游人次，实行生态环境承载力控制，以此来消除、约束旅游开发对环境的影响。这一举措充分体现呀诺达景区"以自然生态为基础，以天人合一为灵魂"的发展理念。

国内一些著名景区，如九寨沟、张家界等，也曾在旅游旺季特别是黄金周期间"人满为患"，不仅给环境带来了破坏，过度的拥挤也使快乐之旅变成苦旅，大大降低了游览的质量，旅游者常常"乘兴而来，败兴而归"。随着旅游经济的飞速发展，旅游者的消费观念已发生了巨大变化，许多人早已不满足于走马观花、急行军式的旅游方式，而更加青睐享受身心放松、愉悦的"体验式旅游"，旅游主体市场将以深层次的休闲和度假为主，广大游客更加看重自身的体验，旅游消费能力也相应地不断增长。呀诺达的"限时限量"不仅保护了环境，也关注了游客的游览质量，保证了每位游客都能充分领略热带雨林深处的神秘、神奇和神圣，领略观瀑嬉水的刺激和乐趣，体会空中天道的震撼和新奇，让每个游客"乘兴而来，感动而归"。

（2）先做环境影响评价，后规划建设。2001年，项目开发团队开始启动"热带香巴拉"景区概念性规划工作。规划单位为EDSA东方景观设计公司。EDSA公司是美国最有名的景观设计公司之一，是美国总统的景观设计顾问公司，曾参与了三亚南山文化旅游区的总规修编及三亚市的旅游规划。2002~2005年，为景区规划立项、总体规划评审、环境影响评审阶段，林林总总参考了不少家知名规划公司的竞标规划方案。与其他景区有所不同的是，呀诺达是先做景区环境影响评价报告，后做旅游总体规划。

当时景区的状况是：其一，由于烧山垦荒等原因造成植被破坏，山体裸露，水土流失；其二，三道周边地区果园菜地施用的化肥、农药易流失进入水库，引发农业面源的环境污染。所以，在2001年，项目开发团队花费了巨大的精力从事景区环境规划的保护与评价工作，和政府、农场及周边多向协调，有效地制止了环境破坏、再污染等行为。当时项目开发团队和农垦方面达成了环境保护与开发共识，即坚持天人合一的"三个"生态开发理念：坚持三位一体：生物多样性保护、生物考察和生态旅游三者融为一体；坚持三个充分：充分保护自然、充分利用资源、充分体现特色；坚持三个结合：主题公园与自然风光相结合、休闲度假与生态旅游相结合、传统文化与现代旅游功能相结合。

有了环境影响评价，有了规划，景区的一切建设都有章可依，有严格的标准。

（3）生态旅游绿色机制。鉴于当前我国和海南关于生态旅游的法律法规缺乏专门性、统一性、系统性，除了认真贯彻现有的各项森林生态旅游相关的法律法规外，"呀诺达"将专门制定生态旅游管理制度，把生态旅游开发中的各类行为纳入地方管理内容，在"呀诺达"地域内建立独立专业的管理队伍；同时，要完善和指导社区参与生态管理的发展，充实社区参与环境保护的内容，提高生态旅游管理的整体素质和环境意识。呀诺达也全力呼吁海南省建立生态旅游景区主管部门与相关技术部门、环保部门、林业科研部门通力合作的机制，加强森林生态旅游的理论创新研究，推动森林生态旅游的技术创新和管理创新，制定科学的森林生态旅游规范和技术标准。探索社区发展、文化调查、生态旅游等方面的合作途径，充分吸收热带森林保护与开发、生态旅游研究的成果，把大量的林业生态专家和学者纳入生态旅游发展的辅助系统。

（4）五分钟保洁。在景区内游览了两天，记者发现整个景区内很少有人为丢弃的垃圾。烟盒、矿泉水瓶、塑料袋、面巾纸……一向是景区最头疼的垃圾，但在呀诺达却看不到。原来，每个导游都随时携带着一个小背篓，这个小背篓既可以帮导游装随身之物，还能随时随地将游客丢弃的垃圾装在小背篓里，带下山来。

游客游玩时，渴了会喝水，饿了要吃东西，出汗了要用纸巾，垃圾随时可能产生，但垃圾桶却不可能处处都有，这时候导游的小背篓就起作用了。每个导游要负责所带旅游团的游客手中的垃圾。

保洁员吉兰香将梦幻谷引凤台附近栈道上的最后一片落叶扫掉。她说："我负责这一带600米的路段保洁，景区要求我们做到5分钟保洁，就是说，游客丢弃的垃圾5分钟内必须清理，人为垃圾要带下山，但枯枝杂叶只需清扫到路边即可，大自然会将它们消解掉的。"

附录　群众眼中的呀诺达

一、"群众"从哪里来

通过新浪微博风云榜搜索呀诺达的榜单，可以发现呀诺达官方微博的"粉丝"分布及省份排名，如附表1所示。而通过达闻数据分析师的分析，也可以了解到呀诺达的新浪微博热议地区分布，如附图1所示。

综合来看，呀诺达的"粉丝"和热议用户主要来自东南沿海和中部地区，其中，海南省是"粉丝"分布最广泛的地区（见附图2），也是呀诺达的最大客源市场和一级客源市场，而在海南省中，海口、三亚和万宁三个城市的群众对呀诺达关注最高；其次，也有众多"粉丝"来自北京、上海、广东地区，"北上广"是呀诺达的二级客源市场；最后，江苏、浙江、河南、四川等地也有较多呀诺达的"粉丝"分布，它们可以作为呀诺达的三级客源市场。

附表1　呀诺达官方微博"粉丝"分布

排名	地区	"粉丝"数	"粉丝"所占比例（%）
1	海南	169	32.3
2	北京	75	14.3
3	上海	46	8.8
4	广东	40	7.6
5	江苏	25	4.8
6	四川	17	3.3
7	浙江	17	3.3
8	福建	12	2.3
9	其他	12	2.3
10	山东	10	1.9
11	重庆	9	1.7
12	云南	8	1.5
13	河南	8	1.5
14	海外	7	1.3
15	辽宁	7	1.3
16	天津	7	1.3
17	河北	6	1.1
18	香港	5	1.0
19	安徽	5	1.0
20	黑龙江	5	1.0
21	湖南	5	1.0
22	陕西	5	1.0

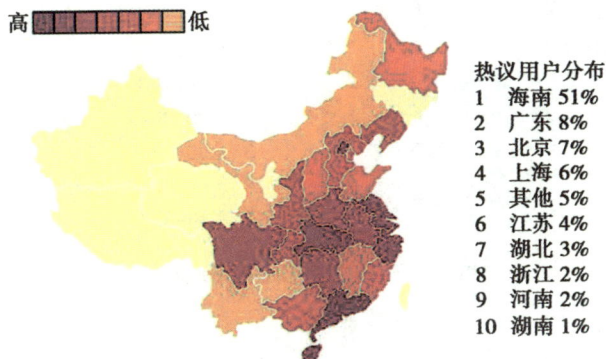

附图1　呀诺达热议用户地区分布

热议用户分布
1　海南 51%
2　广东 8%
3　北京 7%
4　上海 6%
5　其他 5%
6　江苏 4%
7　湖北 3%
8　浙江 2%
9　河南 2%
10　湖南 1%

附图2　海南省呀诺达的热议用户分布

二、"群众"有何特征

通过百度指数分析，发现呀诺达的热议用户有如下特征：

从性别比例来看，关注呀诺达的用户60.16%是男性，39.84%是女性，而年龄分布主要是在20~39岁，其中30~39岁的比例最多，50~59岁的比例最少（见附图3）。由此可以看出，呀诺达的主要客源集中在中青年，特别是具有一定经济基础和实力的中青年人群。

从职业分布来看，IT行业和教育行业、学生以及旅游/交通类职业的人群对呀诺达旅游的关注度最高，其次是金融、建筑等职业。从学历分布来看，本科及以上学历的关注度最高，其次是高中、大专、初中、小学（见附图4）。

由此可以看出，呀诺达的"粉丝"主要是20~40岁的男性高学历人群，特别是学生和IT、旅游界的人群，而这些"粉丝"就是呀诺达最大的客源市场。

人群属性　　呀诺达

性别比例

男 60.16%　39.84% 女

年龄分布

1	10~19 岁	——
2	20~29 岁	——————
3	30~39 岁	————————
4	40~49 岁	——
5	50~59 岁	—

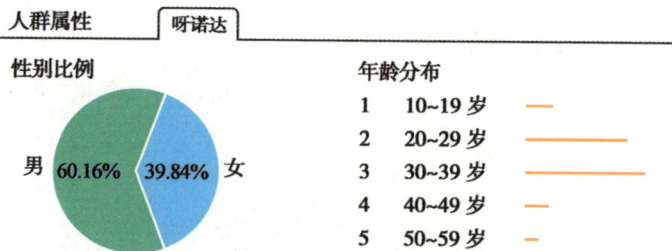

附图3　呀诺达热议用户性别比例和年龄分布

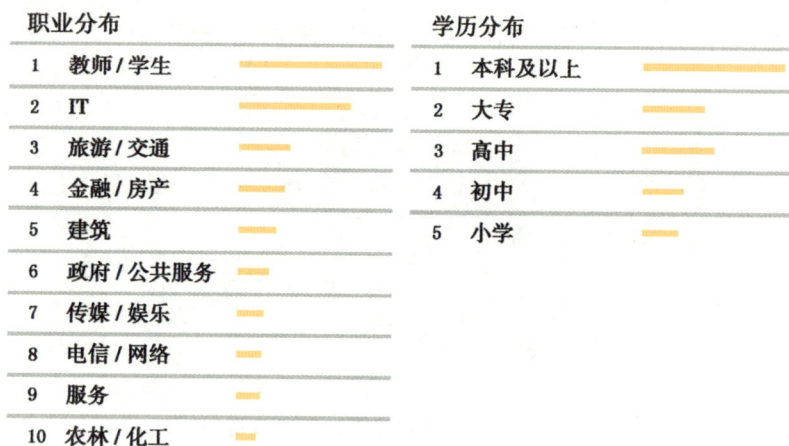

职业分布

1	教师 / 学生
2	IT
3	旅游 / 交通
4	金融 / 房产
5	建筑
6	政府 / 公共服务
7	传媒 / 娱乐
8	电信 / 网络
9	服务
10	农林 / 化工

学历分布

1	本科及以上
2	大专
3	高中
4	初中
5	小学

附图4　呀诺达热议用户职业分布和学历分布

后 记

本书是作为旅游管理专业本科生、研究生、MTA教学案例来编写的，特别希望为旅游业界的从业人员提供一个旅游目的地开发与管理或旅游景区经营与管理的最佳实践案例。全书由邹统钎统一组织编写，并拟定了编写大纲，吴琼瑶负责统稿和文字编辑。具体分工为：第一章，徐慧君、邹统钎；第二章，王浩、邹统钎；第三章，吴琼瑶、邹统钎；第四章，齐昕、邹统钎；第五章，余繁华、邹统钎；第六章，吴琼瑶、徐慧君、余繁华、邹统钎。

本书是在呀诺达雨林文化旅游区张涛总经理的特别关照与耐心指导下撰写的。张总安排课题组成员在景区驻扎一周进行详细调研，而且经过多次反复补充调查。我们是在深深的感动中完成此案例的，为张晖先生的开拓精神感动，为张涛先生的圆融精神感动，为呀诺达员工的善行准则感动！

特别感谢蒋海燕副总经理、廖文辉副总经理、袁泉老师、默会丽女士的陪同调研与指导。感谢海南三道圆融旅业有限公司全体职工对本书调研工作的大力支持，并提供了呀诺达景区丰富而翔实的资料。经济管理出版社王光艳老师为本书的编辑与修订倾注了大量心血，在此一并感谢。

本书是联合国教科文组织项目——善行旅游准则（UNESCO-Yanoda FIT Project: Good Tourism-Effective Approaches to Enhance Heritage and Human Development (2011-2014)）的前期调研成果。感谢联合国教科文组织北京办事处的辛格主任、文化官员卡贝丝女士、杜晓帆先生、李江萍女士，他们对本书提出了许多建设性意见。

本书是北京第二外国语学院遗产旅游研究中心集体研究的结晶。本研究属于遗产研究中心独立调研的结果，不代表呀诺达雨林文化旅游区的观点。

邹统钎

2012年7月29日于北京市朝阳区定福景园

北京第二外国语学院遗产旅游研究中心

Email: zoutongqian@bisu.edu.cn

张涛总经理和案例编写组成员合影